홍보의 신

홍보의 神 신

충주시 홍보맨의 시켜서 한 마케팅

김선태 지음

"시장님이 유튜브 하라고 시켰는데요?"

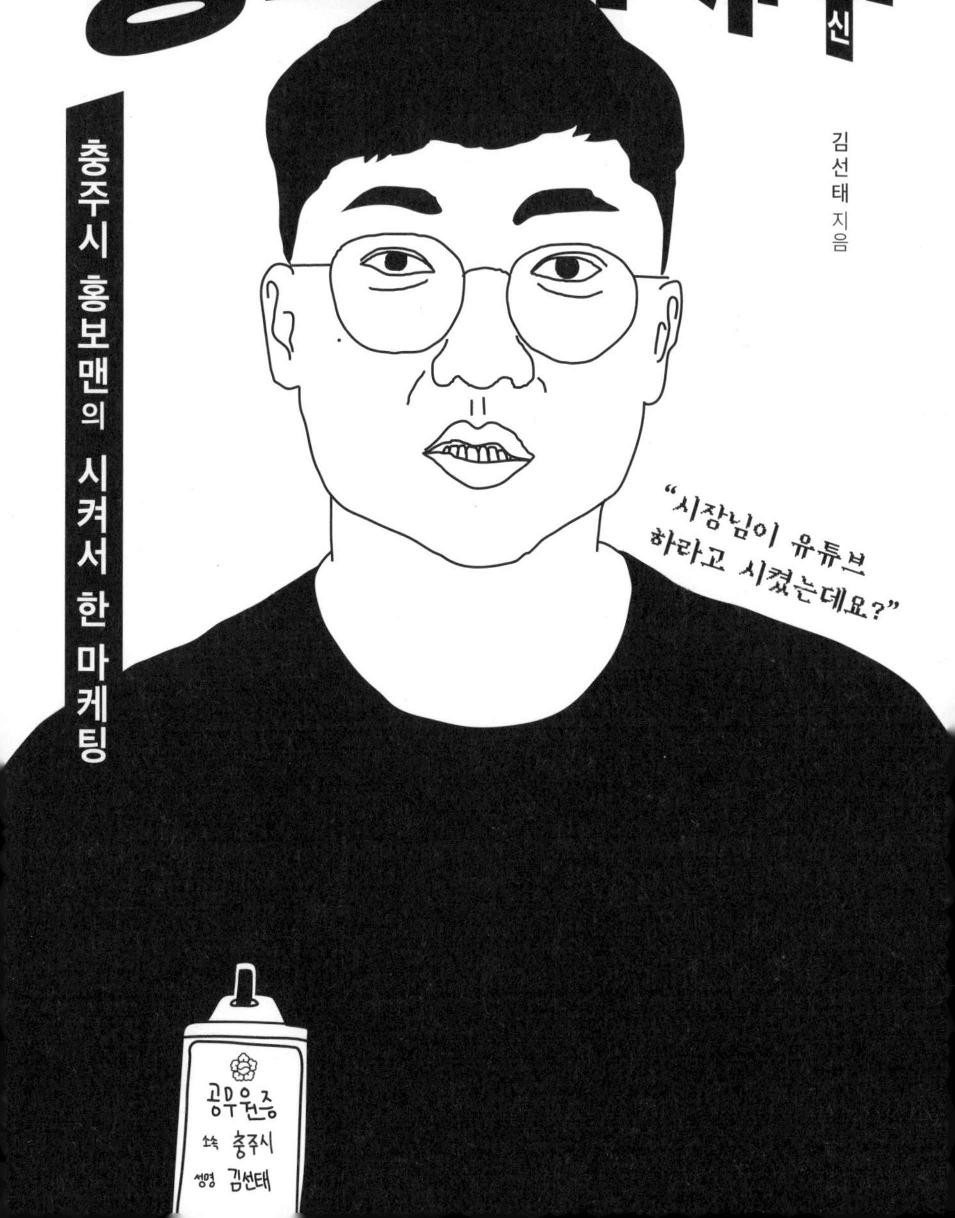

평범한 공무원이 60만 원으로 '홍보의 신'이 되기까지

요즘 제가 언론에서 많은 주목을 받고 있습니다. '충주시 유튜브'에 대한 관심은 물론 저 개인에 관한 기사도 많이 났습니다. 특히 최근에는 대통령이 충주시 유튜브 홍보를 혁신 사례로 언급해 화제가 되기도 했죠. 〈유 퀴즈 온 더 블럭〉 등 많은 예능 프로그램에도 출연했고 슈카월드, 침착맨, 빠니보틀, 피식대학, 피지컬갤러리, 자이언트 펭TV 등 유명 유튜브 채널들과도 협업했습니다. 평범한 공무원이었던 내가 이 세계에서는 '셀럽'이 된 것입니다.

무엇보다 본래 충주시 유튜브의 목표였던 충주시를 알리는 데도 큰 성과를 거뒀습니다. 여러분도 이제 충주시 이름이 낯

설지 않을 것입니다. 심지어 수능에 충주시 관련 문제가 출제될 정도로 핫한 도시가 됐습니다.

자타공인 '홍보의 신'이 된 것입니다.

제가 잘났다고 자랑하려는 게 아닙니다. 『홍보의 신』은 홍보 마케팅, 특히 유튜브를 잘하고 싶어 고민하는 사람을 위한 책입니다. 동시에 한 평범한 공무원의 분투기이기도 합니다. 일개 홍보 담당자가 맡은 일을 잘 해냈을 때 어떤 일까지 벌어질 수 있는지를 이야기하고 싶습니다.

사실 유튜브를 시작하게 된 건 자의가 아니었습니다. 많은 직장인이 그렇듯 '시켜서' 하게 된 일이었습니다. 평범한 공무원인 제게 영상이나 홍보에 대한 전문 지식이 있을 리 없었죠. 공무원이라면 누구나 가지고 있는 '어떻게든 알아서 하는' 능력을 발휘해 혼자서 시작해보기로 했습니다.

이왕 하는 것, 그래도 제대로 해야 하지 않겠습니까? 다른 지자체는 어떻게 유튜브를 운영하고 있는지 살펴보았습니다. 음. 저에게 도움이 되지는 않겠더군요. 결국 처음부터 끝까지 맨땅에서 부딪쳐보는 수밖에 없었습니다. 성공 전략을 세우고, 실행하고, 시행착오도 거치면서 저만의 확고한 홍보 전략이 쌓이는 것을 느낄 수 있었습니다.

충주시 유튜브 예산은 61만 원입니다. 약 60만 원으로 60만 구독자를 만들어낸 것입니다. 분명한 이유가 있습니다. 저는 이 책에서 바로 그 이유를 이야기하려고 합니다. 전국 기초 · 광역 지자체 1위를 달성한 충주시 유튜브의 성공 비결을 있는 그대로 보여드릴 것입니다.

특히 가장 폐쇄적인 조직에서 일하는 공무원으로서 남들보다 더 제약이 많았습니다. 그러한 점들을 솔직하게 담으려고 했습니다. 반대로 말하면 조직 혁신의 필요성에 관한 내용이라고도 할 수 있겠습니다. 제가 먼저 겪은 이러한 경험이 지자체나 공공기관 홍보 나아가 사기업의 광고 마케팅 전략에도 도움이 되기를 바랍니다.

또 유튜버나 영상 제작자를 꿈꾸는 분들에게는 전국에서 가장 유명한 공무원, 충주시가 낳은 최고의 스타, 지자체 홍보의 'GOAT(the Greatest Of All Time)'가 된 '홍보맨'의 모습이 하나의 롤 모델이 될 수 있기를 바랍니다.

이 책은 저의 이야기지만 동시에 우리 충주시의 이야기입니다. 이 책으로 말미암아 저의 고향이자 제가 사랑해 마지않는 충주가 더욱 주목받았으면 하는 마음이 있습니다. 아울러 이 이야기가 세상에서 가장 딱딱하다고 여겨지는 공직 사회의 변화를 향한 작지만 의미 있는 첫걸음이 되길 바랍니다.

세상의 모든 성공은 운에 달려 있습니다. 저 역시 운이 좋았습니다. 시대도 잘 타고났고 상황도 잘 타고났습니다. 중요한 사실은 운을 찾으려면 반드시 새로운 도전을 해야 한다는 겁니다.

여러분도 여러분만의 운을 찾아 도전하길 바랍니다.

여러분을 응원하겠습니다.

충주시 홍보맨 김선태

- 차 례 -

1. 시장님이 시켰어요

2. 맨땅에서 시작해 지자체 1등 유튜브를 만든 콘텐츠 기획 전략

1. 〉 〉 〉 〉 〉

제 목   # 시장님이 시켰어요

- 다 음 -

가.	나는 평범한 공무원입니다
나.	제가 유튜브요?
다.	아무도 보지 않는 홍보 영상
라.	기획 김선태, 촬영 김선태, 출연 김선태, 편집 김선태
마.	이렇게까지 잘할 필요는 없었는데

가. 나는 평범한 공무원입니다

2016년 가을, 저는 공무원이 되었습니다. 대학교는 진즉 중퇴했고, 고시 공부에 6년의 시간을 낭비한 터였습니다. 남들처럼 스펙을 쌓기는커녕 알바 한번 해본 적이 없습니다. 그러던 중 사법시험이 없어졌고, 결국 저의 선택지는 공무원밖에 없었습니다.

공무원이 되고 싶었던 적은 없습니다. 그저 먹고살기 위해 공무원을 선택한 것이죠. 그러니 사명감이라고는 찾아볼 수 없었습니다. 충주에서 나고 자란 터라 당연히 충주시에 응시했습니다. 쉽게 생각했던 공무원 시험도 첫해에는 낙방하고 두 번째 해에 합격했습니다. 그것도 운이 좋아 간신히 합격한 것이죠. 평소보다 훨씬 많은 인원을 뽑았기에 컷(합격선)이 낮았습니다.

서른 줄에 얻은 첫 직장은 몹시 소중했습니다. 인생에서 처음으로 '일'이라는 것을 해봤습니다. 꾀부리지 않고 나름대로 열심히 했습니다. 처음 발령받은 곳은 산척면이라는 곳이었습니다. 면사무소의 특성상 주로 농민들을 상대하는 업무가 많았습니다. 제가 처음 맡은 일 역시 매일매일 농민들의 보조사업과 직불제를 신청해주는 농업 업무였습니다.

그런데 예상과 달리 공무원 생활은 녹록하지 않았습니다. 한 농민에게서 지팡이로 얻어맞은 기억이 아직도 선명합니다. 사실 그 때문에 아직도 정수리가 살짝 들어가 있는 느낌이 있습니다. 정말 억울한 건 지금까지도 왜 맞았는지를 모른다는 것입니다. 이유를 말씀하지 않고 때렸기 때문이죠. 만약 그분을 다시 만난다면 꼭 물어보고 싶습니다. 왜 때렸냐고.

꼭 민원이 아니더라도 지방직 공무원의 삶은 퍽 고단합니다. 수시로 동원되어 책상을 나르고 회의를 준비합니다. 가장 힘든 일은 회의의 종류마다 의자 배치를 다르게 해야 한다는 것이었습니다. 이장회의나 주민자치회의 때는 무거운 책상을 U자형으로 배치해야 하고, 나머지 경우에는 다시 책상을 전부 빼고 접이식 의자를 배치해야 했습니다.

마을 축제 때는 행사 진행요원이 되었습니다. 직접 천막도 설치했습니다. 봄, 가을에는 산불을 진화하러 갈퀴를 들고 산 꼭대기까지 올라갔습니다. 여름에는 수해, 우박 등의 피해 현황을 입력하고 겨울에는 염화칼슘 포대와 씨름했습니다.

제 업무 중 큰 비중을 차지한 것은 농업직불금 업무였습니다. 농사짓는 모든 분에게 농사 면적에 따라 현금을 지급하는 업무입니다. 10월 21일에 발령을 받은 저는 당연히 직불금 신청이 끝났을 것이라 예상했습니다. 그런데 해가 지나고 사고가 터졌습니다. 직불금을 못 받았다고 찾아오신 분이 있었습니다. 심지어 그분은 이장님이셨습니다. 확인해보니 정말 신청을 하셨더군요. 그런데 전산에 입력이 안 되어 있었던 것입니다. 아차 싶었습니다. 금액을 찾아보니 200만 원쯤 되었습니다. 조금 억울했지만 방법이 없었죠. 모두 물어드렸습니다. 무려 200만 원이었습니다. 참고로 당시 제 첫 월급이 150만 원이었습니다.

'내가 이런 돈을 받고 이런 일을 하려고 공무원이 되었나?' 하는 생각이 들며 '현타(현실자각타임)'가 왔습니다. 돌이켜보면 그 당시 저를 가장 힘들게 했던 것은 민원인도 아니고 동료도 아니었습니다. 제가 가장 실망스러웠던 것은 바로 나 자신이었습니다. 어떻게든 잘하려고 노력하는 내 모습이 제가 보기에도 안타까웠습니다. 혼자 몰래 운 적도 있습니다. 끝날 것 같지 않던 첫 번째 발령지에서의 시간이 그렇게 흘러갔습니다.

1) 이름뿐인 홍보담당관실 공무원

2018년 여름, 기대한 대로 본청으로 발령이 났습니다. 바로 홍보담당관실이었습니다. 홍보실에서 맡은 일은 바로 운명과도 같은 SNS 업무였습니다. 포스터를 만드는 것이 주 업무였습니다. 그런데 갑자기 포스터를 만들어야 한다니 정말 어려웠습니다. 더욱이 제대로 된 소스나 레퍼런스도 찾을 수 없었습니다. 텅 비어 있는 폴더처럼 저 역시 맨바닥에서 시작하게 된 것입니다.

처음에는 정말 막막했습니다. 할 줄 아는 게 아무것도 없었으니까요. 일도 일이지만 본청에 적응하는 것도 조금 어려웠습니다. 읍면동에서야 그저 의자만 나르면 일 잘하는 사람이었지만 본청에서는 신경 쓸 게 더 많았습니다. 의전이라든지 기자들 대응이라든지, 처음 겪는 일이 아주 많았습니다. 팀장님, 과장님도 읍면동과 다르게 좀 무섭게 느껴졌고요. 지금 생각해보면 진짜 무서운 분들이었습니다.

그래도 잡다한 일들은 많이 줄었습니다. 더 이상 의자를 나르지 않아도 되었죠. 그것만으로도 대만족이었습니다. 읍면동에서 밥 먹듯이 하던 비상근무도 없어지니 정말 좋았습니다. 그렇게 본청에서 잘 적응하고 있는데 갑자기 날벼락이 떨어졌습니다. 바로 제 인생을 바꿔놓았던.

나. 제가 유튜브요?

2019년 봄, 갑자기 출장을 가게 되었습니다. 출장 목적은 시청 홍보관을 만드는 일을 검토하는 것이었습니다. 시장님의 지시 였죠. 당시 홍보관 업무를 맡게 된 계장님이 같이 가자고 하시 더군요. 부담 갖지 말고 같이 가서 바람이나 쐬고 오자고 말씀 하셨고, 저 역시 가벼운 마음으로 따라나섰습니다. 그것이 어 떤 결과를 낳을지 그때는 전혀 알지 못했죠.

내포신도시의 홍보관을 구경했습니다. 황량하더군요. 아직 신도시 개발이 완료되지 않아 그런 것 같았습니다. 잠깐 홍보 관을 돌아본 뒤 다음 출장지로 향하는 길에 맛있는 조개구이 를 먹었던 기억이 납니다. 물론 출장비가 턱없이 부족해 사비로 사 먹은 건 안 비밀.

출장이 끝나고 돌아와 출장 결과 보고서를 작성했습니다. 주된 내용은 당연히 홍보관을 설립하는 것이었죠. 내용이 조금 부정적이었던 기억이 납니다. 그런데 출장을 함께 다녀온 저도 보고서를 한 꼭지 작성해야 했습니다. 어떤 점을 쓸지 고민했는데 솔직히 SNS 관련해서는 도움을 얻을 만한 게 없었습니다.

조금 건방진 이야기일 수도 있지만 당시 페이스북 운영은 우리가 잘하고 있었기 때문입니다. 견학 갔던 기관들은 조회 수가 현저히 낮았습니다. 그래서 사실 다른 기관에서 따로 배울 게 없었습니다. 그래도 구색은 맞춰야 하니 고민 끝에 충주시에서 부족한 점을 몇 자 적어 넣었습니다. 그것이 바로 유튜브였습니다.

1) 바야흐로 유튜브의 시대

결론부터 말하자면 마지못해 억지로 만든 몇 줄의 보고서 때문에 충주시 유튜브가 탄생하게 된 것입니다. 실제로 많은 지자체(지방자치단체)는 2010년 이후부터 유튜브를 운영하고 있었

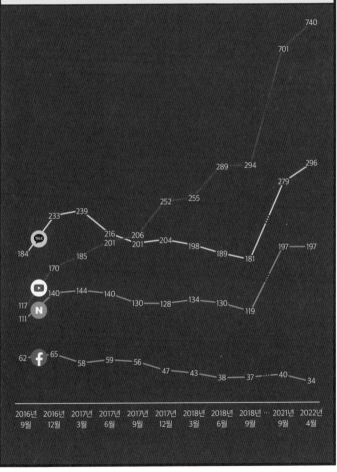

유튜브, 카카오톡, 네이버, 페이스북
월 사용 시간 변화

단위: 억 분

습니다. 하지만 충주시는 별다른 운영 실적이 없었죠. 우리는 페이스북을 성공적으로 운영하고 있었지만 안타깝게도 SNS 중 페이스북의 사용 시간은 줄어들고 있었습니다. 페이스북 채널 자체의 힘이 떨어지고 있었던 것이죠.

바야흐로 유튜브의 시대였습니다. 바로 그 점을 보고서에 올렸습니다. "유튜브가 대세이긴 하다. 그러나 유튜브를 운영 하기 위해서는 많은 인력과 예산이 필요하다"는 게 보고 내용 이었고, 이 내용의 속뜻은 '인력을 달라, 그전엔 절대 못 한다' 는 것이었습니다.

그런데 상상도 하지 못한 일이 벌어졌습니다. 시장님에게 보고를 드렸는데 원래 시장님의 지시였던 홍보관 설립은 사라 지고, 마지막 구석에 있던 유튜브를 해야 한다는 저의 의견에 동그라미를 치신 것입니다. 아찔했습니다. 충주시가 유튜브를 해야 한다고 했지 '내가' 하겠다고 보고한 것은 아니었거든요. 헐레벌떡 다시 한번 말씀드렸습니다. "유튜브는 그냥 되는 게 아니고 예산과 인력이 필요하다"고 말입니다. 놀랍게도 시장 님은 깨어 있는 분이었습니다. 제 말을 흔쾌히 들어주시겠다 며 "유튜브가 대세다. 네가 해라!"라고 하셨습니다.

저는 절망했습니다. 페이스북 포스터야 그저 그림판이나 파 워포인트로 어찌저찌 만들면 되는 것이지만 영상이 어디 그렇게 쉽게 만들어지나요? 카메라나 편집 소프트웨어는 고사하고 평소에 저는 사진 한 장도 찍지 않는 사람이었습니다. 그런데 영상이라니요?

자리로 돌아온 저는 혼란에 빠졌습니다. 그런데 아무리 생각해봐도 이건 아닌 것 같았습니다. 도저히 각이 나오지 않았습니다. 팀장님과 과장님께 말씀드렸습니다. 그런데 시장님이 직접 지시하신 사항인 데다 강한 어조로 말씀하셨기 때문에 팀장님과 과장님도 당연히 해야 한다는 분위기였습니다. "힘들겠지만 그래도 해봐야 하지 않겠나?" 하는 정도였죠. 이때 저를 가장 화나게 했던 것은 예산과 인력은 그렇다 치고, 저의 기존 업무를 조정해주지 않았다는 것입니다. 기존의 SNS 업무들을 하던 대로 하면서 동시에 유튜브를 해보라는 것이었죠.

2) 시키면 또 합니다, 공무원이라서

1주가 지나고 2주가 지났습니다. 어떻게 되었을까요? 제가 누굽니까? 바로 공무원 아닙니까? 저는 공무원의 특기를 발휘했습니다. '깔아뭉개기'입니다. 아무것도 하지 않고 조용히 숨죽이고 있었습니다. 간혹 과장님이 어떻게 되어가냐고 물어보셨지만 저는 "검토하고 있다"라고만 말씀드렸습니다.

그렇게 한 달 정도 지났을까? 위기를 벗어났다고 생각하던 바로 그때 전화가 걸려왔습니다. 전화기에 찍힌 발신자명은 '시장'이었습니다. 전화를 받아보니 진짜 시장님이더군요. 짧게 말씀하셨습니다. "지금 올라와라! 팀장, 과장 빼고." 저는 우선 시장님이 직접 전화했다는 사실에 놀랐습니다. 보통은 비서실을 통해 연락이 오기 때문입니다. 그리고 더 놀란 점은 팀장, 과장을 빼고 저만 오라는 것이었습니다. '왜 혼자 오라고 하시지?' 수많은 생각이 머리를 스쳤습니다.

심란한 마음으로 시장실에 들어갔습니다. 그리고 저는 혼자 오라고 한 이유를 깨달았습니다. 진행 상황이 궁금해 두 번이나 확인을 했는데 제가 아무런 행동을 하지 않고 있으니 팀장과 과장이 지시를 제대로 전달하지 않았다고 생각하신 것입니다. 지금에서야 시장님께 한마디 전하고 싶습니다. "조길형 시장님! 솔직히 말씀드리지 못해 죄송합니다. 사실 그때 하나도 빠짐없이 전부 전달받았습니다. 그냥 제가 못 할 것 같아 안 한 겁니다."

그런데 시장님도 만만치 않으셨습니다. "유튜브를 지시한 지가 언제인데 살만 뒤룩뒤룩 쪄서는 유튜브를 안 하고 있냐"고 말씀하신 것입니다. 지금 생각해보면 공격수의 면모를 갖추신 것 같습니다. 이렇게까지 말씀하실 줄은 예상도 못했습니다. 그래서 저도 화가 났죠.

아니 제가 유튜브를 어떻게 하겠습니까? 기존의 일만으로도 만만치 않거든요. 저 혼자 블로그, 페이스북, 인스타그램을 운영하고 있었으니까요. 지자체 SNS는 보통 전문기술이 필요한 업무를 담당하도록 임용한 임기제 공무원 등의 전문가나 외부 용역업체가 담당했습니다. 그런데 저는 콘텐츠 제작부터 채널 운영까지 직접 해야 했기 때문에 쉽지 않았습니다. 시장님께 엄청 실망했습니다. 그래서 저는 어떻게 했을까요? 다음날부터 바로 시작했습니다. 다른 방법이 없었죠. 시키면 하는 게 공무원이니까요.

다. 아무도 보지 않는 홍보 영상

새로운 일을 할 때 가장 쉬운 방법이 뭘까요? 네, 맞습니다. 바로 베끼는 것입니다. 아리스토텔레스는 '모방은 창조의 어머니'라고 말했습니다. 여기서 모방은 위조나 표절 같은 부정적인 의미가 아니라 재현을 통한 또 다른 창조라고 생각합니다. 따라서 우리가 흔히 말하는 벤치마킹도 사실은 모방을 통해 새로운 창조를 하는 방식이죠.

저는 주저 없이 실행에 들어갔습니다. 무엇을 베껴야 할까요? 우선 저와 가장 비슷한 처지에 있는 것을 베껴야겠죠? 그래서 즉시 다른 지자체의 유튜브를 살펴보기로 했습니다. 약 60개 정도의 지자체 유튜브를 꼼꼼하게 분석했습니다. '지피지기면 백전백승'이라고 했던가요? 일단 다른 지자체 유튜브가 어떻게 운영되고 있는지 알아야 하니까요.

60여 개의 지자체 유튜브를 모두 살펴본 결과 정말 신기한 공통점을 발견했습니다. '아무도 안 본다'는 것이었습니다. 그 중 한 지자체 유튜브가 기억납니다. 제가 살펴봤던 2019년 당시 그 시는 연간 5억 원의 예산을 들여 유튜브를 운영하고 있었습니다. 스튜디오, 작가, 아나운서까지 완비되어 있었죠. 그런 환경에서 매주 3회 이상 고퀄리티의 영상을 찍어내고 있었습니다.

하지만 제가 봤을 때 이 채널의 영상은 소위 때깔은 좋지만 그리 매력 있는 영상은 아니었습니다. 섬네일만 봐도 별로 끌리지 않았습니다. 그런데 조회 수를 확인하다가 깜짝 놀라고 말았습니다. 수백만의 인구를 가진 그 시가 수억의 돈을 써서 만든 영상 중 가장 낮은 조회 수는 몇 회일까요?

정답은 단 2회였습니다. 정말 놀라운 일이었습니다. 한편으로 이런 생각이 들었습니다. 이렇게 운영되고 있다면 담당자가 엄청 깨지고 있는 것은 아닐까? 아니면 용역업체가 깨지고 있진 않을까? 잠시 생각해보니 그렇지도 않을 것 같았습니다. 누가 봐야 혼을 내죠. 혼내야 할 상급자들도 이 영상을 보지 않는 것입니다.

1) 고비용 무효과 홍보 전략

그런데 이런 결과가 특별히 이 시만의 문제였을까요? 아닙니다. 사실 모든 지자체가 홍보 유튜브를 이렇게 운영하고 있었습니다.

어느 기초지자체를 살펴보다가 유튜브의 새로운 기능을 발견했습니다. 조회 수가 보이지 않는 영상이 있는 것이었습니다. '조회 수 없음'이라고 표시되어 있는 영상이 있었습니다. 너무 이상해서 클릭해봤습니다. 그런데 조회 수가 1회로 바뀌었습니다. 진짜 아무도 보지 않았던 것입니다!

이것을 보고 큰 충격을 받았습니다. 우리는 이렇게 해서는 안 된다고 생각했습니다. 이것은 단순히 세금 낭비의 차원이 아니었습니다. 근본적으로 '홍보가 필요한가?'에 대한 의문이 생길 정도였습니다. '왜 홍보를 해야 하지? 유튜브는 과연 필요할까?' 저렇게 아무도 보지 않는 것도 홍보라면 저는 하고 싶지 않았습니다.

아무도 보지 않는 영상을 만드는 것보다 아예 아무것도 하지 않는 편이 나을 것입니다. 아무것도 하지 않으면 불필요한 인력과 예산을 아낄 수 있죠. 전기도 아낄 수 있으니 지구온난화도 막을 수 있습니다. 이렇게 저는 광역지자체와 기초지자

문화체육관광부 소속기관 및 공공기관 유튜브 채널 운영 현황

단위: 원, 명

	구독자	예산(비용)	최초 게시일
국립박물관문화재단	13	23,900,000	2016. 5. 20.
한국문화예술회관연합회	18	965,614,000	2015. 5. 14.
영화진흥위원회	32	66,170,000	2018. 6. 1.
한국문화원연합회	41	496,000,000	2018. 1. 12.
언론중재위원회	64	73,882,000	2015. 5. 26.
영상물등급위원회	82	148,878,170	2014. 7. 24.
(재)한국예술인복지재단	120	116,800,000	2013. 11. 12.
한국문화관광연구원	156	77,600,000	2016. 7. 8.
한국출판문화산업진흥원	166	460,040,000	2013. 11. 6.
(재)한국공예·디자인문화진흥원	195	97,000,000	2011. 3. 7.

체 홍보 영상을 살펴보고 충격을 받았습니다. 그렇다면 이것은 지자체만의 문제였을까요? 아쉽게도 아닙니다.

공공기관들도 전혀 다르지 않았습니다. 앞의 표는 문체부 국정감사 때 나온 자료입니다. 두 번째 줄에 보면 한국문화예술회관연합회 유튜브 예산이 약 10억 원인 것을 알 수 있습니다. 그런데 구독자가 18명입니다. 커뮤니티에서 굉장히 화제가 되었던 자료입니다.

그런데 이 기관은 조금 억울할 수도 있습니다. 이 예산이 전적으로 유튜브 전용은 아닐 것 같기 때문입니다. 기존의 홍보 방식대로 용역업체를 끼고 영상을 만드는 비용에 홍보해주는 비용까지 포함되어 있는 예산 같습니다. 물론 그렇다 하더라도 잘하고 있는 것은 아닙니다. 아무리 광고 송출 비용까지 들어가 있다 하더라도 적지 않은 예산이 투입된 것은 사실입니다. 이 예산으로 만약 좋은 영상을 만들었다면 유튜브에서도 알고리즘의 선택을 받았을 것입니다. 조회 수가 저렇게 처참해서는 안 되는 것이죠. 최소한 조회 수가 2회보다는 많아야 합니다.

물론 이 자료는 2019년 당시의 이야기입니다. 앞서 말한 시의 경우 공식 채널과 비공식 채널을 분리해 운영하고 있습니다. 공식 채널은 시정 홍보 위주, 비공식 채널은 흥미 위주의

영상이 올라갑니다. 좋은 변화입니다. 한국문화예술회관연합
회도 변화하고 있습니다.

2) 실패에서 벤치마킹한 '거꾸로' 성공 전략

모두가 홍보 영상에 실패하고 있는 것을 보면서 굉장히 씁쓸
했습니다. 그런데 한편으로는 안도했습니다. 왜냐하면 나는 무
조건 잘할 수 있다는 자신감을 얻게 되었으니까요. 만약에 모
두가 다 잘하고 있다면 오히려 부담이 컸겠죠. 그런데 모두가
실패했다면 어떨까요? 나는 무조건 성공할 수 있다고 생각하
게 됩니다. 저는 바로 여기서 성공 방법을 깨달았습니다. 아주
단순하게 저 사례들처럼만 하지 않으면 되는 것입니다. 저 사
례들과 정반대로만 운영하면 성공한다고 생각했습니다.

첫째, 대부분의 기관은 많은 예산을 사용합니다. 보통 용역
업체를 이용하거나 전문가를 채용하죠. 그러면 저는 반대로
저예산으로, 평범한 공무원인 제가 직접 운영하는 것입니다.

둘째, 대부분의 기관들은 정책 전달이나 정보 전달에 치중
합니다. 그러면 저는 반대로 정보 전달을 안 하면 되겠죠? 정
보 전달은 최대한 줄이고 재미있게 하기로 마음먹었습니다.

□ 타기관 유튜브 예산   (2023년 5월 기준, 출처: 정우택 의원실)

전국 17개 시도
유튜브 관련 예산

단위: 원, 명

지자체	투입 예산	구독자 인원 수	외주 제작
경북	8억 4,500만	34만 4,804	O
부산	8억 5,250만	3만 8,874	O
전북	8억	2만 3,000	O
서울	7억 5,968만	21만 9,142	O
충남	6억 1,050만	2만 375	O
인천	3억 7,600만	4만 5,055	O
경기	3억 4,000만	5만 4,100	O
울산	3억 1,700만	1만 3,652	O
경남	2억 8,500만	2만 5,076	O
충북	2억 1,340만	5만 1,486	O
전남	2억 4,100만	3만 6,236	X
강원	1억 5,000만	4만 243	O
제주	1억 4,800만	1만 9,704	O
광주	1억 9,029만	3만 1,000	O
대구	1억 500만	8만 2,306	O
대전	1억	1만 4,000	O
세종	8,813만	1만 5,500	O

셋째, 대부분의 기관들은 체면치레만 했습니다. 유튜브가 대세라니까 채널을 만들고 하는 척만 한 거죠. 그저 흉내만 내고 있었던 것입니다. 그러면 저는 반대로 조회 수에만 집중하면 됩니다.

이미 우리의 성공 계획은 완성되었습니다. 이제 그것을 구현하기만 하면 됩니다.

라.　기획 김선태, 촬영 김선태, 출연 김선태, 편집 김선태

어떻게 하면 성공할지 계획은 완성되었으나 그것을 실행하기란 쉽지 않은 일이었습니다. '저예산으로 평범한 공무원이 직접 운영한다.' 이론상으론 그럴듯하지만 실제로는 비참했습니다. 처음 영상을 만들기 전 저의 상황을 체크해봤습니다.

일단 예산은 없었습니다. 4월에 당장 시작해야 했기 때문이죠. 그래서 장비가 없었습니다. 장비를 찾다 보니 액션캠부터 똑딱이, 핸디캠, 미러리스 등등 카메라에 대한 눈높이가 점점 높아지더군요.

스마트폰으로 유튜브 영상을 찍기 적합한 카메라 장비를 알아보고 있는데 문득 그런 생각이 들었습니다. '아, 카메라가

멀리 있지 않았구나!' 맞습니다. 바로 제 손에 첨단 카메라가 쥐어져 있던 것이죠. 눈물을 머금고 저의 소중한 '갤럭시S8'을 사용하기로 했습니다.

그런데 손으로 들고 찍으려니 여간 불편한 게 아니었습니다. 주변을 둘러보다가 친한 동기의 셀카봉을 빼앗아 촬영을 시작했습니다.

편집도 여간 머리가 아픈 게 아니더군요. 고민 끝에 무료 프로그램을 찾았습니다. 바로 '윈도우 무비 메이커'였습니다. 윈도우에 기본으로 깔려 있는 프로그램이었죠. 당연히 무료였습니다. 제게 딱 적합한 프로그램이었지만 아쉽게도 2017년 공급이 중단되었습니다. 그래서 저는 적극 행정을 실천합니다. 이전 버전의 윈도우를 설치한 뒤 겨우겨우 다운로드해 사용했습니다. 이 프로그램은 단순 그 자체였습니다. 효과는 거의 넣을 수 없었으니까요.

게다가 행정 컴퓨터는 여러분이 생각하는 것보다 훨씬 더 저성능입니다. 그런 저성능 컴퓨터로 편집을 하려니 컴퓨터가 수시로 먹통이 되었습니다. 영상을 만들다가 저장해도 끊기고, 그러면 다시 처음부터 만들고, 그러기를 반복했습니다. 말 그대로 '기도 메타'였죠. 운이 좋아야 인코딩이 되는 구조였습니다. 세 번 시도하면 한 번 정도 성공한 기억이 있습니다.

1) '근본 없음'이 정체성

자, 촬영과 편집이 해결되었죠? 이제 남은 것은 출연입니다. 휴대전화 셀카 모드로 제 얼굴을 한번 찍어봤습니다. 너무 역 겹더군요. 차마 눈 뜨고 볼 수 없었습니다. 너무 끔찍해서 바로 꺼버렸습니다. MBTI가 극단적인 'ISTJ'인 저는 진심으로 유튜브에 출연하고 싶지 않았습니다. 결국은 등장인물 없이 목소리만 들어가게 첫 번째 영상을 촬영했습니다.

첫 번째 영상의 기획은 정말 체계가 없었습니다. 물론 지금 도 근본이 없기는 마찬가지입니다만. 첫 영상을 구성할 때 가장 중요하게 생각한 것은 진정성이었습니다. 기술이 없으니 어색한 연출 같은 건 하지 말고 그냥 솔직하게 올리자는 것이 었습니다. '홍보맨'이 아니라 그냥 김선태 그 자체를 보여주는 게 저로서는 가장 쉬웠습니다.

영상의 인사말부터 이런 자세가 드러나게 했습니다. 첫 멘 트는 "아니 내가 유튜브를 어떻게 해, 지금 하는 일도 바쁜 데!"였습니다. 하기 싫어 죽겠다는 것을 정말 솔직하게 표현한 것이죠. 이 첫 멘트가 바로 우리 유튜브를 상징하는 정체성이 되었습니다. 바로 다른 기관과 차별화된 솔직함이죠.

가장 접근이 쉬운 형식은 브이로그였습니다. 브이로그야말로 근본이 없기 때문입니다. 정말 다양한 방식의 브이로그가 있고, 무엇보다 얼굴이 나오지 않아도 됩니다. 무작정 촬영을 시작해 이틀 정도 찍고 나서 드디어 편집에 들어갔습니다. 어떻게 하는지 몰라 하나하나 찾아가며 편집했죠. 다행히 '윈도우 무비 메이커'의 기능은 심각할 정도로 단순해서 편집 과정이 아주 어렵지는 않았습니다. 문제는 인코딩이었죠. '랜덤 숫자 뽑기'급의 성공률을 자랑하는 인코딩이었습니다.

2) 무엇을 만들지가 가장 중요하다

결국 영상을 만들어냈습니다. 그것이 바로 저의 첫 영상 '시장님이 시켰어요'입니다. 그런데 이 영상을 올릴 계정이 없었습니다. 그래서 서둘러 구글 계정을 알아봤습니다. 대충 찾아보니 관공서의 경우 인증 계정을 사용해야 한다고 하더군요.

그런데 인증을 받으려면 생년월일이 필요하다는 것입니다. 절차가 복잡하니 차라리 제 개인 개정으로 만들까 하는 생각도 했습니다. 지금 돌이켜보면 그랬다면 좋았을 걸 그랬습니다. 당시에는 양심이 남아 있던지라 정보통신과의 도움을 받아 충주시 유튜브를 새로 개설했습니다.

그리고 첫 번째 업로드. 저는 솔직히 대박이 날 줄 알았습니다. 전혀 아니더군요. 반응은커녕 미동도 없었습니다. 조회 수가 1,000회 정도 나왔던 걸로 기억합니다. 굉장히 실망스러웠죠. 하지만 실망할 겨를도 없었습니다. 당장 그다음 주에 다른 영상을 업로드해야 했으니까요.

무엇을 만들지가 가장 큰 고민이었습니다. 그래서 급히 떠올린 게 '직렬별 인터뷰'였습니다. 간혹 다른 공공기관 유튜브에도 현직 공무원의 인터뷰가 있긴 했으나 굉장히 가식적인(?) 콘텐츠들이었습니다. 그래서 저는 제목부터 '솔직 인터뷰'라고 정하고 이전과는 다른 인터뷰를 선보이기로 했습니다.

당시에는 퇴직 공무원의 인터뷰가 주를 이뤘습니다. 유쾌

한 내부고발 느낌의 기획이었죠. 정보 전달보다는 철저한 재미 위주의 편집이었습니다. 현직 공무원 입에서 "다시 태어나면 공무원 안 한다"는 답변이 나올 정도로 솔직한 콘텐츠였죠.

자, 기획이 끝났으면 이제 무엇이 남았죠? 인터뷰를 해야죠. 그런데 인터뷰를 하려면 섭외가 필수인데, 이 또한 엄청난 난관이었습니다. 여러분이라면 아무리 친한 사람이 요청한다 해도 선뜻 유튜브에 출연할 수 있겠습니까? 좀 어렵겠죠. 게다가 공무원의 신분으로 솔직 인터뷰를 한다는 건 더더욱 쉽지 않은 결정입니다. 저 역시 많은 시행착오를 겪다가 결국 동기를 설득해 촬영했습니다. 돌이켜보면 이 친구들은 도대체 무슨 용기로 유튜브에 출연했는지 알다가도 모르겠습니다. 어쨌든 저는 지금도 이 친구들에게 감사합니다. 충주시 유튜브가 존재하도록 만들어준 사람들이니까요.

그 결과는 어땠을까요? 성공이었습니다. 인터뷰 콘텐츠로 한동안 소소한 재미를 봤습니다. 그리고 연이어 '충주 사과를 찾아라'라는 콘텐츠로 유튜브는 대성공을 거두게 됩니다.

마. 이렇게까지 잘할 필요는 없었는데

공무원이라면 맡은 일을 잘해야 할까요? 사실 대다수의 사람
이 당연하다고 생각할 것입니다. 국민의 세금을 사용하는 공
무원인데 마땅히 잘해야 한다고 생각하겠죠. 또 '공무원은 국
민을 위해 봉사해야 하니까 잘해야죠!'라고 생각하는 분들도
있을 것입니다. 저도 공무원으로서 당연히 동의합니다. 공무원
은 시민을 위해, 국민을 위해 존재하는 사람들이니까요.

그런데 제 질문의 진짜 의미는 이런 것입니다. 공무원이 '충
주시 홍보맨'처럼 굳이 나대면서 잘해야 할까요? 슬프게도 그
럴 필요가 전혀 없습니다. 사실 그것이 공무원의 특성이죠. 잘
할 필요도 없고, 심지어 잘하면 안 될 수도 있습니다.

일반적으로 잘한다는 것은 누군가에게 영감을 주고 조직을 혁신하는 좋은 행동입니다. 하지만 공무원처럼 보수적인 조직에서 잘한다는 것은 바꿔 말하면 무리한다는 것으로 볼 수도 있습니다. '모난 돌이 정 맞는다'라는 속담처럼 제 상황을 잘 표현하는 말도 없을 것입니다. 맞습니다. 모난 돌이기에 많은 주목을 받습니다. 그런데 모든 일에는 대가가 따르는 법이죠. 모난 돌이기에 혼이 나기도 합니다. 남들과 다르게 했기 때문에 성공했고, 그 다르다는 점이 조직 내부의 반발을 불러오기도 합니다.

1) 외부 요인은 동기가 되지 못한다

그렇다면 잘해야 하는 이유는 뭘까요? 가장 쉽게 생각하면 인센티브를 생각할 수 있습니다. 잘한 만큼의 보상을 주는 것이죠. 그런데 사실상 공무원에게는 인센티브가 없습니다. 제 경우를 예로 들어볼까요? 어떤 인센티브가 있었을까요? 월급이 올랐을까요? 아닙니다. 그대로죠. 사실은 물가상승률만도 못해서 오히려 삭감되고 있다고 볼 수 있습니다.

그런데 놀랍게도 공무원도 성과급이 있습니다. 보통 S, A, B

의 3단계로 나뉩니다. S와 A는 차이가 얼마나 날까요? 기관마다 다르겠지만 충주시는 연 30만 원 정도입니다. 그러면 성과급은 어떤 기준으로 지급될까요? 부서 성과급과 개인 성과급으로 나뉘는데요. 부서 성과급은 고생한 특정 부서가 받기도 합니다만 대부분은 무작위입니다. 그러면 개인 성과급은 어떨까요? 그냥 경력순입니다. 사실 공무원이 성과급 때문에 열을 낼 필요는 없는 셈입니다.

공무원에게 상은 어떤 의미가 있을까요? 물론 명예로울 것입니다. 하지만 상이 인센티브라고 보기는 힘듭니다. 실질적으로 별로 좋을 게 없는 거죠. 게다가 이 상이라는 게 조금 재미있습니다. 보통 공무원들은 상을 어떻게 받을까요? 누가 신청하는 것일까요? 네, 바로 본인입니다. 상을 받고 싶은 사람은 본인이 직접 잘한 일을 써서 추천하는 공적조서를 작성하고 제출해야 합니다. 사실상 내가 신청하고 내가 받는 구조죠. 내가 세운 공적을 다른 사람들이 자세히 알 수 없으니 어떻게 보면 당연하다 할 수도 있습니다.

그래서 상을 받으려면 스스로 자신의 공적을 열심히 작성해야 합니다. 어떻게 보면 자화자찬같이 보이기도 합니다. 조금 창피하죠. 어쨌든 공적조서를 작성했으면 그다음엔 뭘 해야 할까요? 매번 제출해야 합니다. 같은 사례로 적극 행정에

관한 공적조서도 제출하고, 규제 개혁에 관한 공적조서도 제출하고… 온갖 상에 맞춰 전부 공적조서를 제출해야 합니다. 언제까지? 상을 받을 때까지요. 어떤가요? 명예로운 포상인가요?

다른 인센티브는 무엇이 있을까요? 승진? 공무원의 승진에 대해서는 더 길게 이야기하지 않겠습니다.

2) 내가 유튜브를 잘하고 싶은 이유

> "아무도 나를 모르고 돈이 많았으면 좋겠어요."

배우 류승수 씨의 유명한 짤에 이런 말이 있습니다. 그런데 저는 정확히 그 반대의 길을 걷고 있죠.

> "누구나 나를 아는데 돈이 없어요."

모든 사람이 나를 알고 돈은 없는 상황! 나름대로 꽤 유명해졌습니다. 그런데 별로 좋은 건 없습니다. 그럼에도 저는 정말 진심으로 열심히 영상을 만들었습니다. 왜 그랬을까요? 유튜브를 운영하는 일이 제게 굉장한 만족감을 주기 때문입니다.

첫째는 영상을 제작하는 것에 대한 즐거움이었습니다. 지금 제가 하고 있는 일에 대한 만족이라고 할 수도 있죠. 고민 끝에 어떤 아이디어를 기획하고 그것을 연출하고 편집해 업로드합니다. 매우 고민스러운 작업이죠. 그러고 나면 곧 반응이 옵니다. 조회 수나 구독자 수, 댓글이나 커뮤니티의 반응이 그것입니다. 그런 과정에서 제가 생각했던 기획 의도나 웃음 포인트를 시청자가 알아줄 때 말로 표현하지 못할 만큼 굉장한 희열을 느낍니다. 나와 나의 콘텐츠가 인정받는다는 생각이 듭니다. 마치 방송국 PD의 마인드와 비슷하죠.

둘째는 제가 충주를 알리고 있다는 사실에 대한 기쁨입니다. 저는 충주에서 나고 자랐고, 믿기 어렵겠지만 애향심이 있습니다. 사법시험을 준비하느라 서울에 머물고 있을 때도 일주일에 한 번 정도는 인터넷에서 '충주'를 검색해볼 정도였습니다. 제 고향에 무슨 일이 있나 궁금했던 것이죠.

저는 제 고향을 사랑하지만 한편으로는 불만도 많았습니다. 제가 가지고 있던 가장 큰 불만은 충주를 아는 사람이 거의 없다는 것이었습니다. 충주는 지금도 인지도가 낮은 인구 20만 명의 소도시입니다. 나름 고향에 대한 자부심이 있던 저는 제 고향의 인지도가 낮은 것에 불만이 있었습니다. 바꿔 말하면 열등감이 있었습니다.

사람들은 충주가 어디인지도 모를뿐더러 아예 관심 자체가 없었습니다. 가장 마음이 상했던 것은 청주시와 헷갈려 한다는 것이죠. 충청북도의 도청을 뺏긴 기억이 있는 도시라 감정이 썩 좋지는 않습니다. 그런데 저라도 헷갈릴 것 같긴 합니다.

그런데 지금 제가 하는 일은 충주를 알리고 있는 일이죠. 물론 미약합니다만 제 고향 충주를 알리는 데에 조금이나마 기여하고 있다는 사실이 충주시민의 한 사람으로서 또 충주시의 공무원으로서 굉장히 기쁩니다.

충주에서 전출을 간 동기들을 만난 적이 있습니다. 주로 서울, 경기 수도권이죠. 그런데 그 동기들이 하나같이 하는 말이 있습니다. 충주에서 왔다고 하면 항상 충주시 유튜브를 말한다는 것입니다. 실제로 우리 충주시 유튜브 구독자는 충주보다 다른 지역 분들이 훨씬 많습니다. 충주가 고향이신 분들이 외부에서 고향을 이야기할 때 역시 충주시 유튜브를 많이 물어보신다고 합니다. 굉장히 보람찬 순간이었습니다. 저는 지금도 더 잘하고 싶습니다.

2. 〉〉〉〉〉

─────────────────

- 다 음 -

가.	뚜렷한 목표 하나만 이뤄도 성공이다
나.	웃음은 항상 실패하지 않는다
다.	팀장에게 결재받으면 타깃이 팀장이 된다
라.	공무원이 조커 분장을 하고 명절 인사를 한다면?
마.	충주시 유튜브 예산이 연 61만 원인 이유
바.	'10초 건너뛰기' 할 틈이 없게 하라

| 제 목 | 맨땅에서 시작해
지자체 1등
유튜브를 만든
콘텐츠 기획 전략 |

가.   뚜렷한 목표 하나만 이뤄도 성공이다

충주시를 포함해 기존의 기관들은 유튜브 운영 목적이 정보 전달에 있다고 할 수 있습니다. 단순하게 많은 정보를 알리는 것이죠. 그런데 이 방식에는 함정이 있습니다. 바로 그 정보를 전달하려는 채널이 하필 유튜브라는 것이죠.

시정 소식지나 보도자료처럼 옛날 방식의 홍보에는 단순히 많은 정보를 담는 방식이 통했을지도 모릅니다. 그런데 SNS, 특히 유튜브는 완전히 다릅니다. 우리의 잘못은 유튜브가 전혀 다르다는 것을 몰랐고, 알았더라도 말하지 못한 것이었습니다. 그래서 기존의 홍보 방식을 그대로 유튜브에 이식한 것이죠. 유튜브에 그 방식이 통했을까요?

유튜브에서는 기존의 방식이 통하지 않습니다. 물론 정보 전달이 주를 이루는 유튜브 콘텐츠도 있지만, 그것은 어디까지나 그 정보 내용 자체가 매력적일 때입니다. 이런 지식 콘텐츠는 지적인 만족을 줍니다. 상당히 매력 있는 콘텐츠들이죠. 이런 지적 만족을 주는 대표적인 콘텐츠는 과학 지식 유튜브 '안될과학', '리뷰엉이', '1분과학' 등을 꼽을 수 있습니다.

시사나 경제 유튜브 또한 마찬가지입니다. 자칫 딱딱하게 느껴지는 분야이지만 가장 흥미 있는 소재를 골라 대중에게 가장 쉬운 언어로 전달합니다. 필요한 정보이기도 하지만 사실은 재미까지 주고 있는 것이죠. 대표적으로는 '슈카월드', '삼프로TV', '일사에프' 등이 있습니다.

1) 유튜브의 근본적인 효용은 어디에 있는가

지자체나 공공기관이 전달하고자 하는 정보는 어떤가요? 사실 전혀 매력이 없습니다. 우리 정부에서 가장 중요하게 생각하는 '적극 행정', 과연 이것을 국민들은 어떻게 생각할까요? 재미있어 할까요? 관심이 있을까요?

전혀 관심이 없을 것입니다. 의미는 있겠지만 너무 추상적이죠. 지자체는 기껏해야 행사나 축제 홍보에 그칩니다. 그나마 축제 홍보는 좀 낫습니다. 정보의 타깃이 꽤 다수죠. 그런데 어린이집 원장 모집? 공모전? 이런 콘텐츠는 왜 올리는 것일까요?

어떤 사람이 쉬는 시간에 유튜브에 들어왔습니다. 최대한 생각 없이 즐기고 싶죠. 재미있는 무언가를 보고 싶을 것입니다. 아니면 시간이라도 때우려고 유튜브를 틀어놓을 것입니다. 그런 시청자들이 지자체 유튜브 채널에 들어와 보조사업 설명을 찾아보려 할까요? 지자체의 활동 사항을 보고 싶을까요? 그런 사람은 극소수일 것입니다. 그런 극소수를 타깃으로 한다면 당연하게도 채널은 성장할 수 없습니다.

그래서 저는 단순하게 생각했습니다. 제가 생각한 충주시 유튜브의 목표는 무엇일까요? 아주 단순합니다. 그냥 '충주시를 알리는 것'입니다. 그것이면 됩니다. 정보 전달이 필요하다고요? 극단적으로 말하자면 저는 필요 없다고 생각합니다. 실제로 서울이나 수도권 등 다른 지역의 젊은이들은 충주시를 모릅니다. 글쎄요, 역사책에서 잠깐 본 중원경, 고구려비, 탄금대 전투 정도나 알까요? 아니요, 관심도 없을 것입니다.

그런데 충주시라는 이름도 모르는 사람들에게 '충주시 내부에서 이런 좋은 정책을 펼친다'라고 말한다면 어떨까요? 아무리 좋은 정보를 전달해도 사람들은 전혀 관심을 갖지 않을 것입니다. 그래서 저는 충주시만 알린다면 다른 구체적인 정보 전달은 없어도 상관없다고 생각한 것입니다.

자, 충주시를 알리면 정보 전달은 필요 없다고 했죠? 정보 전달에 집착하지 않는 순간 기획의 폭이 굉장히 넓고 자유로워집니다. 기존 기관들이 그렇게 집착했던 정보 전달이라는 허황된 고집에서 벗어나는 순간 신세계가 펼쳐지는 셈입니다. 바로 그 순간 홍보의 본질로 다가갈 수 있습니다.

홍보의 사전적 의미는 '널리 알림'입니다. 무엇을 알리는 것인지는 적혀 있지 않습니다. 맞습니다. 홍보는 그냥 널리 알리는 것입니다. 무엇을 알릴지는 부수적인 것이고 가치 판단의 문제겠죠. 핵심은 정보 전달이 아니라 많은 사람이 보게 만드는 것입니다. 우리는 그 핵심을 바라보지 못했던 것입니다.

저는 정보 전달에 집착하지 않고 콘텐츠를 만들어야 한다고 생각했습니다. 그래서 만든 영상이 '함께 출근 준비해요'였습니다. 이 영상은 정말 세수만 하고 끝납니다. 물론 세수하면서 지역 제품을 간접적으로 노출하기는 했지만, 그것은 부차적인 부분이었습니다. 조회 수를 뽑을 수 있다면 세수만 해도 된다고 생각합니다. 그만큼 정보 전달보다는 조회 수에 더 집중한 것이죠.

□ 유튜브 영상 '함께 출근 준비해요'

2) 타깃도 전략적으로 설정하라

여러분께 질문을 해보겠습니다. 충주시 유튜브의 타깃은 누구일까요? 참고로 저는 충주시 공무원입니다. 당연히 충주시민이라고 생각하지 않으셨나요? 그런데 저는 충주시민을 배제해야 한다고 생각합니다. 조금 극단적인가요?

충주시 공무원으로서 저는 당연히 충주시민을 위해 일합니다. 하지만 전략적인 관점에서 충주시 유튜브는 충주시민을 대상으로 하면 안 됩니다. 우리나라 전체 인구가 5,000만 명이 넘습니다. 하지만 충주시의 인구는 20만 명에 그치죠. 이런 상황에서 충주시민을 타깃으로 한다면 어떤 일이 벌어질까요?

아마 흥행에 성공하기는 어려울 것입니다. 정보 전달에 집착하지 않아야 하는 또 다른 이유가 바로 이것입니다.

유튜브는 명백하게 대외 홍보 채널입니다. 유튜브에 충주시민만 필터링하는 기능은 없겠죠? 그러니까 충주시민이 아니라 전 국민이 타깃입니다. 한국어권 전체를 타깃으로 잡는 것이죠. 그렇다고 모든 연령층을 공략할 수는 없겠죠? 그러면 어떤 연령층을 공략해야 가장 효과적일까요? 바로 젊은층입니다. 그 이유는 뭘까요? 바이럴 마케팅 때문입니다.

바이럴 마케팅viral marketing은 소비자들 사이에 소문이나 여론을 조장해 바이러스가 퍼지듯 입소문이 나는 것을 활용하는 마케팅 방식입니다. 온라인상에서 홍보의 성패는 이 바이럴 마케팅에 달려 있다고 해도 과언이 아닙니다. 입소문을 내야 성공할 수 있죠. 유튜브 사용 시간은 고연령층이 가장 길지만, 그것을 즐기고 공유하면서 유튜브뿐 아니라 다른 커뮤니티로 확장시켜주는 활성 사용층은 주로 젊은층입니다. 그 연령층에서 입소문이 나야 채널이 활성화될 수 있습니다.

그래서 저는 전국에 있는 젊은층을 타깃으로 삼았습니다. 간단하게 요약하면 대내보단 대외! 노년층보단 젊은층을 공략하는 게 훨씬 더 효율적입니다.

나.　　　　　웃음은 항상 실패하지 않는다

충주시 유튜브의 경쟁 채널은 어디일까요? 서울시? 부산시? 제가 생각할 때 최고의 경쟁 상대는 현재 유튜브에서 제일 잘 나가는 채널입니다. '침착맨'보다 인터뷰가 자연스러워야 하고, '피식대학'보다 재미있어야 하며, '숏박스'보다 더 공감할 수 있게 만들어야 합니다.

　왜 그럴까요? 유튜브는 가두리양식처럼 각각의 분야별로 경쟁하지 않기 때문입니다. 모든 채널이 시청자의 시선을 잡기 위해 동시에 경쟁합니다. 그렇기에 충주시의 경쟁자는 같은 처지에 놓인 지자체나 공공기관이 아니라 전체 유튜브 채널입니다.

이런 관점에서 본다면 어떻게 해야 사람들의 이목을 끌 수 있을까요? 당연히 재미있는 게 가장 유리합니다. 물론 정보 전달도 그 정보가 꼭 필요한 사람에게는 아주 중요합니다. 하지만 좀 더 대중적으로 인기 있는 채널들은 대개가 재미있는 채널입니다. 실제로 전 세계 1위 유튜버인 'MrBeast'의 영상은 단연 재미와 흥미 위주입니다. 가끔 감동적이고 사회적 의미가 있는 영상도 업로드되긴 하지만 어쨌든 주력은 재미있는 영상입니다.

이처럼 재미있는 영상이 사람들에게 어필할 확률이 가장 높습니다. 딱딱한 정보 전달에도 재미가 필요한 이유가 이것입니다. 심지어 재미의 중요성은 전혀 다른 분야에도 마찬가지로 적용됩니다.

공무원 시험의 전설적인 강사 전한길 선생님을 인터뷰했던 기억이 납니다. 공무원 강사가 재미와 무슨 상관이 있냐고 생각할 수 있지만, 선생님이 강의에서 가장 중요하게 생각하는 것 역시 재미였습니다. 이것을 강의력이나 전달력 중의 하나로 보기도 하는데요. 한 분야의 강사가 될 정도의 실력을 가지고 있다면 이미 지식은 다들 훌륭할 것입니다. 거기서 차이를 만드는 게 바로 재미입니다. 그 한 끗이 강의력과도 맞닿아 있는 것이죠.

아무리 좋은 강의여도 재미가 없으면 사람들이 찾지 않기 때문입니다. 영상을 클릭했더라도 재미가 없으면 지속해서 보지도 않습니다. 나에게 필요한 영상이라 하더라도 재미가 없다면 두 시간짜리 강의를 끝까지 집중하면서 시청할 수 있을까요? 불가능할 것입니다.

놀라운 것은 이런 특징이 유튜브의 생태와 매우 닮아 있다는 것입니다. 유튜브 역시 마찬가지입니다. 우선 섬네일과 제목에서부터 재미가 있어야 합니다. 그래야 사람들이 흥미를 느끼고 영상을 선택하는 클릭률이 올라가겠죠. 그다음 중요한 것은 바로 조회율입니다. 조회율이란 시청자가 한 영상을 볼 때 중간에 끄지 않고 끝까지 보는 시청 지속 시간의 전체 비율을 말합니다. 영상이 재미있어야 시청자들이 이탈하지 않고 지속적으로 보게 됩니다.

놀랍게도 유튜브 알고리즘은 이 두 가지를 가장 중요하게 생각합니다. 조회율과 클릭률이 높다면 좋은 영상으로 판단할 확률이 높습니다. 조회율과 클릭률이 높은 흥미로운 영상이라면 '좋아요' 비율과 댓글 반응 역시 좋겠죠? 모두 알고리즘의 선택을 받게 하는 요인입니다. 사실 유튜브 영상의 본질은 강의 영상이나 개그 영상과 다르지 않습니다. 그래서 재미있어야 한다는 것입니다.

1) 슬픔 속의 유머가 때로는 카타르시스를 준다

그런데 너무 재미만 강조하는 것 같지 않나요? 아마 불편한 분들도 있으리라 생각합니다. '엥? 내가 보는 유튜브는 정보 전달 영상인데요? 이런 유튜버들도 잘되던데요?' 하고 말입니다. 맞습니다. 다큐멘터리나 브이로그, 먹방 등 콘텐츠에는 다양한 분야가 있고, 해당 분야에 맞는 콘셉트를 활용하는 것은 당연합니다. 따라서 무조건 재미만 강조할 수는 없을 것입니다. 하지만 그럼에도 재미있는 다큐멘터리, 재미있는 과학 리뷰, 재미있는 브이로그, 재미있는 먹방이 있다면 어떨까요? 훨씬 더 좋은 반응을 이끌어낼 수 있습니다.

특히 내셔널지오그래픽이 대표적인 사례입니다. 베어 그릴스가 출연했던 'Man vs Wild' 시리즈가 좋은 예라고 하겠습니다. 자칫 딱딱할 수 있는 생존 다큐를 재미있는 드립을 사용한 자막과 독특한 효과음으로 영상의 분위기를 완전히 바꿔놓았습니다. 이렇게 재미있는 드립은 많은 커뮤니티에서 회자되기도 하고 또 다른 밈으로 퍼져 나가기도 합니다.

성공은 확률 싸움이라고 생각합니다. 정보 전달 채널도 그만한 수요가 당연히 있습니다. 다만 제가 강조하고 싶은 것은 그런 평범한 기획이나 정보 전달로 성공을 거두는 일은 매우 어렵다는 것입니다. 그래서 재미있게 만드는 것을 추천합니다. 재미있게 만드는 게 훨씬 쉽기 때문입니다.

제가 재미있게 만드는 것을 얼마나 중요하게 생각하는지 보여주는 영상이 있습니다. 충주시의 대표 특산물인 충주사과가 계속해서 발병하는 사과 화상병 때문에 몸살을 앓고 있었습니다. 2015년 이후부터 2022년까지 646곳 324헥타르의 밭에 과수 화상병이 발생했습니다.

놀랍게도 이때 화상병을 홍보하라는 지시가 내려왔습니다. 사실 부정적인 영상은 찍지 않는 게 가장 좋습니다. 우리는 우

□ '사과 농사 망했습니다' 영상

그럼 그것도 타격이 엄청 심하네

사과 농사 망했습니다…
조회 수 31만 회

리의 강점을 홍보해야 하니까요. 우리의 약점을 노출하는 것은 그리 좋은 전략이 아닙니다.

그런데 지시가 내려온 이상 수행하지 않을 수 없기 때문에 많은 망설임 끝에 영상을 만들었습니다. 한 농민의 인터뷰를 진행했습니다. 애써 농사지은 사과나무를 땅에 묻고 있는 그분의 심정은 제가 이루 다 헤아릴 수 없을 정도였습니다.

하지만 그 와중에도 이렇게 슬픈 영상만 찍을 수는 없었습니다. 그래서 개그 포인트를 넣었습니다. 인터뷰 중에 갑자기 비가 내렸고 즉흥적으로 비스트의 〈비가 오는 날엔〉이라는 노래를 불렀습니다. 만약 그대로 슬픈 이야기만 했다면 너무 가라앉는 영상이 되었을 것입니다.

2) 웃음은 진지함을 더욱 진지하게 만든다

반대로 재미없게 만든 영상은 없었을까요? 호국보훈의 달을 맞아 참전용사의 인터뷰 영상을 만든 적이 있습니다. 국방부의 요청이 있었죠. 항상 재미를 추구하는 우리 콘셉트에 맞진 않았지만 그래도 굉장히 의미 있는 일이라고 생각했습니다.

아흔이 넘으신 참전용사 할아버님을 인터뷰하는 것은 쉽지 않았습니다. 너무 오랜 시간이 지나서인지, 기억하고 싶지 않은 아픈 기억이어서인지 할아버지는 당시 상황을 잘 기억하지 못하셨습니다. 결국 인터뷰 영상에 "기억이 안 난다"는 멘트 말고는 넣을 수가 없었죠.

저는 몹시 고민했습니다. 분명히 우리 영상 콘셉트에는 맞지 않았습니다. 하지만 할아버지의 침묵에는 그만한 무게가 있었기에 그것을 억지로 재미있게 연출하기도 쉽지 않았습니다. 결국 이왕 좋은 의미로 시작한 만큼 재미가 없더라도 그대로 영상을 내보내기로 했습니다. 결과는 어땠을까요?

굉장히 슬펐습니다. 제 예상이 맞아서 슬펐습니다. 그 영상의 조회 수는 1년이 지난 지금도 20만 회에 머물고 있습니다. 하지만 후회하진 않습니다. 참전용사 할아버님께 감사하는 마음을 담아 영상을 만들었기 때문입니다. 그것은 우리 후손들이 꼭 해야 하는 일이라고 생각합니다.

하지만 모든 영상에 항상 좋은 의미만 담을 수는 없기에 이렇게 특별한 경우를 제외하고는 기본적으로 재미있는 영상을 만드는 게 좋습니다. 반대로 이렇게 늘 재미있는 영상을 만든 덕분에 참전용사 인터뷰처럼 꼭 필요할 때는 제대로 의미 있는 영상을 만들 수 있는 것이겠죠.

다.   팀장에게 결재받으면
타깃이 팀장이 된다

기관이 만들고자 하는 콘텐츠는 단순합니다. 재미없는 정보 전달 영상이죠. 그래서 대개의 기관은 본인들이 알리고 싶어 하는 콘텐츠를 만듭니다. 이는 많은 사람이 보고 싶어 하는 콘텐츠와는 거리가 멉니다.

개인 유튜버도 별반 다르지 않을 수 있습니다. 그러니까 본인이 하고 싶은 이야기 혹은 본인이 보여주고 싶은 콘텐츠를 만드는 것이죠. 한번은 어떤 어머니께서 행정 전화로 문의를 해온 기억이 있습니다. 다짜고짜 좀 도와달라고 하셨습니다. 유튜브를 하고 있는데 신통치 않다며, 너무 답답해 전화를 했다고 하셨습니다.

저는 어떤 콘텐츠를 업로드하고 계시냐고 여쭤봤습니다. 그런데 어머니께서 올리는 영상 내용을 들어보니 상황이 조금 심각했습니다. 콘텐츠가 전부 제각각이었습니다. 그리고 지극히 개인적이었죠. 본인이 취미로 하는 악기 연주도 올리고, 귀여운 손녀가 춤추는 것도 올리고, 봉사단체에서 요리하는 것도 올린다고 하셨습니다.

좋습니다. 사실 유튜브에서는 본인의 취미나 관심사, 자기의 이야기를 하는 게 좋긴 합니다. 그것이 가장 독창적인 것일 테니까요. 봉준호 감독의 수상 소감으로 유명해진 "가장 개인적인 것이 가장 창의적인 것이다"라는 마틴 스코세이지 감독의 말도 있죠.

그런데 우리가 간과해서는 안 될 게 있습니다. 시청자는 내가 아닙니다. 나와 시청자 사이에는 분명한 간극이 존재한다는 말입니다.

가장 개인적인 것을 사람들이 공감할 만하게 혹은 볼 만하게 포장해 거리를 좁히는 게 콘텐츠의 핵심이라 할 수 있습니다. 나와 시청자의 상호작용인 셈이죠. 결국 그 상호작용을 통해 사람들을 설득해야 하는 것입니다. 그렇기 때문에 본인이 하고 싶은 이야기도 중요하지만 사람들이 듣고 싶어 하는 게 무엇인지도 정확하게 알아야 합니다.

1) 진정 누구를 위한 콘텐츠인지 솔직하게 고민하라

반대로 저는 철저히 사람들이 보고 싶어 하는 것을 만들고 싶었습니다. 그래야 조회 수가 나올 테니까요. 그래서 제가 정한 타깃은 '전국에 있는 젊은 시청자들'입니다. 그러면 기존 기관들의 타깃은 누구였을까요? 시민들일까요? 사실 그랬으면 조회 수가 꽤 나왔어야 정상이겠죠. 놀랍게도 이들의 타깃은 바로 자신의 팀장, 과장이었을 것입니다. 직속상관이죠. 세금을 사용해 이 두 명 보라고 힘들게 영상을 만든 것입니다.

물론 저는 실무자들의 마음을 충분히 이해합니다. 결재를 통과해야 업로드가 되는데, 결재를 통과하려면 저 두 사람의 입맛에 맞춰야 하기 때문이죠. 그렇게 최대한 기존과 비슷하게, 재미없게, 정보는 많게 영상을 제작했으니 조회 수가 안 나올 수밖에요. 사실은 누굴 보라고 만드는 영상이 아닐 수도 있습니다. 그저 안전하게 운영하고 싶은 것인지도 모르죠.

조회 수를 올리고 싶다면 어떻게 접근해야 할까요? 사람들이 보고 싶어 하도록 만들어야죠. 이것이 바로 고객 맞춤입니다. 시청자에게 초점을 맞춘 영상을 만들어야 합니다. 사람들은 무엇을 보고 싶어 할까요?

다음 이미지는 제가 예전에 만들었던 포스터입니다. 지현동

사과나무이야기길 축제를 홍보하는 포스터였죠. 지현동에서 개최하는 작은 행사였습니다. 이 행사에서 우리가 자랑할 만한 것은 무엇이었을까요? 사실 없습니다. 그냥 동네 잔치입니다. 그렇다면 이 행사를 꼭 홍보해야 한다고 했을 때 사람들에게 가장 어필할 수 있는 것은 무엇일까요? 바로 '무료'라는 점입니다. 그래서 어떤 부가적인 설명 없이 사람들이 알고 싶어 하는 무료라는 점만 강조한 것이죠. 이 포스터도 온라인에서 꽤 반응이 좋았습니다.

라.   공무원이 조커 분장을 하고

명절 인사를 한다면?

경쟁력 있는 콘텐츠를 만들려면 어떻게 해야 할까요? 어떻게 하면 시청자들의 선택을 받을 수 있을까요? 가장 중요한 것은 독창성이 있어야 한다는 점입니다. 잘 아시다시피 보통의 지자체는 천편일률적인 콘텐츠를 만들었습니다. 그것은 지금 이 순간에도 계속되고 있죠. 많은 예산으로 업체를 사용하고 전문가를 고용하며 그렇게 해서 재미없고 특색 없는 영상을 만들어냅니다.

정말 이상한 것은 모든 지자체가 그렇다는 것입니다. 차별화되지 않은 콘텐츠에 도대체 왜 사람들이 관심을 가져야 할까요? 명절이 되면 보통 지자체장이 한복을 입고 명절 인사를 합니다. 죄송한 말씀이지만 그 기관 유튜브는 이미 망했습니다. 극단적으로 말씀드리면 더 이상 볼 필요가 없죠. 다른 지자체 모두가 똑같은 형식의 명절 인사를 합니다. 그렇다면 이것을 과연 차별화된 콘텐츠라고 할 수 있을까요?

□ 일반적인 지자체장 명절 인사 영상 섬네일 예시

공무원 브이로그를 만들 때도 마찬가지입니다. 그런데 아무리 봐도 다른 지자체와 똑같습니다. 사실 채널명을 가리면 어느 지자체인지 구분할 수 없을 정도입니다. 너무 냉정하게 말하는 것 아니냐고 할 수도 있습니다. '아니, 그러면 어떻게 하냐? 지자체에서 할 수 있는 게 다 똑같지 뭐, 안 그래?' 맞습니다. 할 수 있는 게 별로 없습니다.

1) 하나만 더 낯설게 바꿔보자

완전히 새로운 영상을 기획하기 어렵다면 이런 방법은 어떨까요? 남들과 똑같은 영상을 다르게 만들어보는 것입니다. 그게 무슨 소리냐고요? 자, 지자체장 명절 인사가 있습니다. 똑같이 양복이나 설빔을 입고 있죠. 그러면 복장만 다르게 해보는 것입니다. 조커 분장을 하고 명절 인사를 하면 어떨까요? 아니면 마블의 히어로로 분장을 하는 건 어떨까요? 완전히 달라지겠죠? 공무원 브이로그를 하는데 게임을 하고 있다면 어떨까요? 같은 주제이지만 완전히 다른 영상이 될 것입니다.

이렇게 남들과 다른 포인트를 통해 얼마든지 좋은 콘텐츠를 만들 수 있습니다. 먹방 유튜버가 범람하고 있죠? 아마 요즘 가장 많은 유튜버 중 한 분야일 것입니다. 그런데 그런 유튜버들 사이에서도 차별점을 강조해 성공하는 경우가 많습니다. 유튜버 '햄지'의 경우에는 그냥 음식을 먹는 게 아니라 직접

홍보맨 징계각?
공무원 VLOG

'요리해' 먹습니다. 먹방에 요리 콘텐츠까지 함께 담은 예죠.

세부적으로 살펴보면 이 먹방도 굉장히 다양한 변주를 이루고 있습니다. 많이 먹는 먹방도 있지만 적게 먹는 소식 먹방도 있죠. 또 한 가지 색깔의 음식만 모아놓고 먹는 콘텐츠도 있고, 음식을 엄청나게 크게 만들어 먹는 콘텐츠도 있습니다. 바로 이것입니다. 여러 가지 다양한 변화를 시도해볼 수 있고, 그것이 곧 자기 채널의 특성이 되는 것입니다.

그러면 저는 어떻게 했을까요? 가장 좁게는 여느 지자체와 다르게 만들어야 한다고 생각했습니다. 바로 우리 이웃인 제천시, 단양군과 분명하게 차별화되어야 합니다. 그리고 그 차별화를 점점 더 넓혀가는 것이죠. 충청북도를 넘어 서울시, 부산시와도 분명히 다르게 만들어야 합니다. 그다음엔 다른 중앙부처나 공공기관과도 확연히 달라야 합니다. 그다음은요? 당연히 다른 전체 유튜버들과도 다르게 만들어야 합니다. 어디서도 찾을 수 없는 특별한 콘셉트를 구현해야 하는 것이죠.

2) 벤치마킹하되 똑같이는 하지 말라

충주시 유튜브의 성공 이후 많은 지자체가 벤치마킹을 하기 위해 찾아오고 있습니다. 또 용역업체에 충주시처럼 해달라는 요청이 많이 들어온다고 합니다. 한번은 어떤 지자체 유튜브 담당자로부터 연락이 왔습니다. 하소연을 하더군요. 윗분들이 충주시처럼 해보라고 하는데 어떻게 해야 할지 모르겠다고요.

그런데 이런 요청은 절반은 맞고 절반은 틀립니다. 충주시처럼 담당자에게 자율권을 주어 자유로운 콘텐츠를 만들도록 하는 방향성은 정확히 맞습니다. 그런데 충주시처럼 하라고요? 많은 사람이 제2의 충주시 유튜브를 기대합니다. 하지만 그런 시도는 대부분 실패로 돌아갑니다. 단순하게 따라 하는 것만으로는 성공하기 어렵기 때문입니다. 해당 기관만의 특색을 살리거나 콘셉트를 잡아야죠. 앞서 말씀드린 남들과 다른 포인트가 필요합니다.

제2의 충주시가 아니라 제1의 새로운 콘텐츠를 만들어야 하죠. 그런 면에서 서울시 강서구의 시도는 주목할 만합니다. 지자체 최초로 '버튜버'라는 분야를 개척했습니다. 버튜버란 '버츄얼 유튜버'의 줄임말로 카메라나 특수장비를 통해 그 사람의 행동이나 표정을 대신 표현해주는 캐릭터를 활용한 영상입니다. 쉽게 말하면 가상 캐릭터를 활용한 방송이죠. 실제로 가시적인 성과도 있었지만 더 중요한 것은 그런 새로운 시도

□ 서울시 강서구에서 시도한 버튜브   (출처: 강서구 유튜브)

를 했다는 점입니다. 우리에게는 바로 이런 새로운 도전들이 필요합니다.

여러분들도 혹시 남들과 똑같은 뻔한 영상을 만들고 있진 않나요? 그렇다면 지금 당장 바꾸시길 바랍니다. 남들과 다른 콘텐츠를 생각해보세요. 만약 기획이 어렵다면 포인트라도 하나씩 넣어보시기 바랍니다. 작은 변화일지라도 시청자들은 전혀 다른 느낌을 받을 것입니다.

충주시 유튜브 예산이 연 61만 원인 이유

지자체 유튜브에서 저지르는 가장 큰 실수는 무엇일까요? 바로 재생목록을 남발한다는 것입니다. 재생목록이 많다는 이야기는 곧 다양한 콘셉트의 영상을 업로드하고 있다는 뜻입니다. 다르게 이야기하면 주제가 중구난방이라는 뜻이죠. 지금 당장 유튜브를 열어 아무 국가기관, 지자체, 공공기관 유튜브를 살펴보세요. 몇천 개의 기관이 모두 마찬가지입니다. 한 군데도 예외 없이 다들 똑같이 운영하고 있죠.

한 지자체를 살펴볼까요? 모두 11개의 재생목록을 만들어 놓았네요. 어떤 게 있는지 살펴보면 먼저 '시정뉴스'가 있고, '영상공모전'이 있습니다. '공무원 브이로그'도 있고, '꿀잼도시' 시리즈가 있습니다. 또 '도시투어', '웹드라마', '도시생활' 이 있습니다. 어떤가요? 어떤 콘텐츠들일지 예상이 가시나요? 이렇게 운영하면 죄송하지만 망합니다.

1) 채널 브랜딩의 정석, 일관성

유튜브 채널을 운영하는 것은 맛집을 운영하는 것과 비슷합니다. 구독자를 모으는 행동은 기본적으로 단골을 모으는 것과 같죠. 단골을 모으려면 어떻게 해야 할까요? 남들과 다른 좋은 콘텐츠가 있어야 합니다. 이것은 바로 맛있는 음식에 해당합니다. 당연히 맛있는 음식이 있어야 사람들이 모이겠죠. 그리고 어떤 게 필요할까요? 바로 일관성입니다.

구독자는 앞으로 계속 이 채널의 영상을 보고 싶은 사람들입니다. 그러면 당연히 예상 가능한 영상이 업로드되어야겠죠. 그런데 앞서 봤던 재생목록들은 어떤가요? 전혀 예상할 수 없습니다. 만약 '웹드라마'를 재미있게 본 시청자가 있다고 칩시다. 그런데 다음 영상은 뭐죠? '영상공모전'이 올라와 있습니다. 한 번은 참습니다. '아, 다음 영상에 웹드라마가 올라오겠지?' 그런데 그다음 영상은 '시정뉴스' 영상입니다. 도저히 구독하고 싶어도 할 수가 없습니다. 설령 어떤 참을성 있는 구독자가 구독했다 칩시다. 하지만 저런 중구난방식의 영상을 보고 구독을 유지하지는 않을 것입니다.

이 일관성에는 단순히 구독을 불러오는 것뿐만 아니라 또 다른 의미가 있습니다. 바로 브랜딩입니다. '신라면'이 왜 브랜딩되었을까요? 당연히 신라면은 다른 라면과 차별화된 맛을 가지고 있기 때문입니다. 그런데 만약 신라면의 맛이 변한다면 어떨까요? 어떨 땐 맵고 어떨 땐 안 맵습니다. 마치 랜덤 박스처럼요. 그랬다면 신라면은 지금처럼 유명해질 수 있었을까요? 절대 불가능합니다. 지속적인 구매를 일으키려면 맛을 유지해야 합니다.

예를 들어 유튜브 '워크맨'의 모든 섬네일은 일관성이 있습니다. 같은 포맷으로 구성되어 있을 뿐 아니라 진행자 장성규 씨 역시 항상 섬네일에 등장하죠. 이것이 바로 일관성입니다. 덕분에 우리는 '워크맨' 하면 가장 먼저 장성규 씨의 이미지를 떠올립니다. 반대로 장성규 씨를 생각해도 워크맨이 떠오르죠. 이것이 바로 브랜딩입니다.

당연하게도 충주시 유튜브 역시 지속적으로 하나의 콘셉트를 유지합니다. 그리고 거기에는 제가 홍보맨이라는 캐릭터로 일관되게 등장해 브랜딩하고 있습니다. 충주시만 생각해도 제

□ 일관성 있는 충주시 채널

얼굴이 떠오르는 것입니다. 반대로 제 얼굴만 봐도 충주시가 떠오르겠죠. 이렇게 만들어야 합니다.

2) 일관성이 있어야 구독자를 모은다

충주시 유튜브의 1년 예산은 연간 61만 원입니다. 놀라운 숫자죠? 서울시의 경우 6억 원이라고 알려져 있습니다. 다른 기관과 비교해보면 충주시는 압도적인 저예산이죠. 이쯤에서 여러분은 의문이 들 수 있습니다. 아니 왜 예산을 늘리지 않을까? 혹시 충주시에서 예산을 세워주지 않는 것일까?

사실 시장님이나 의회에서는 예산을 늘리라고 권유해왔습니다. 아마도 예산을 세우고자 한다면 3~4억 정도는 어렵지 않게 배정할 수 있을 것입니다. 그런데 저는 여전히 영상 편집 프로그램 사용료만 가지고 채널을 운영하고 있죠. 왜 그럴까요? 역시 일관성을 위해서입니다.

앞서 우리 유튜브 채널의 콘셉트가 뭐라고 말씀드렸죠? 평범한 공무원이 예산도 장비도 없이 시장님이 시켜서 억지로 하는 유튜브였습니다. 바로 그 콘셉트를 지키기 위해서입니다. 제가 만약 몇억 원의 예산을 사용해 대형 유튜버들처럼 촬영팀을 몰고 다닌다면 제 영상을 보고 진정성이 느껴질까요? 원래부터 가져왔던 충주시 유튜브의 고유한 콘셉트가 손상되는 것입니다. 그만큼 일관성이 중요합니다.

일각에서는 '김선태 주무관이 세금을 아끼려 예산을 세우지 않았다'는 말이 있는데, 사실 그것은 저를 너무 과대 포장하는 말입니다. 물론 세금을 아끼고자 하는 마음도 있지만 더 큰 이유는 일관성을 지키기 위해서입니다.

저는 재생목록이 아예 없어야 한다고 생각합니다. 너무 극단적인가요? 방송국 유튜브를 예로 들어보겠습니다. KBS, MBC, SBS 채널들을 볼까요? 만약 전부 모아놓는 방식이 유리하다면 방송국들도 그런 방식을 사용했을 것입니다. 그런데 어떻게 되어 있죠? SBS의 경우 뉴스, 예능, 스포츠, 드라마, 음

□ 각각 분리되어 있는 SBS 유튜브 채널

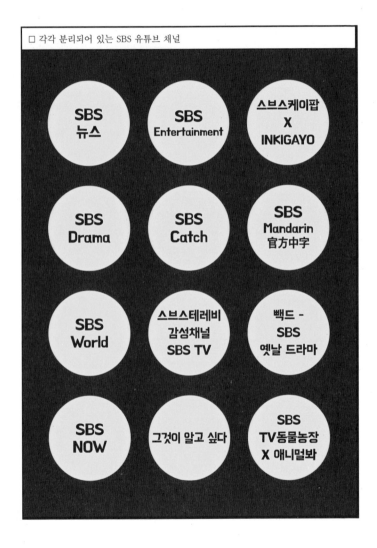

악 전부 다 다른 채널로 분리되어 있습니다. 당연히 해당 콘텐츠를 집중적으로 올리죠. 심지어 인기 있는 콘텐츠들은 아예 하나의 독립적인 채널로 분리되어 있습니다. '그것이 알고 싶다' 채널처럼 말입니다.

3) 꾸준히 일관된 소재를 공급할 수 있는 콘셉트인가

좋은 콘텐츠는 지속 가능한 콘텐츠입니다. 제가 가장 좋은 기획으로 뽑는 것은 '한문철TV'와 '진용진' 채널입니다. 보통 채널을 시작하거나 콘셉트를 만들 때 간과하는 것은 이런 콘셉트가 지속 가능한지를 탐구하지 않는다는 것입니다. 유튜브는 장기 레이스이고, 따라서 얼마나 오랫동안 콘텐츠를 만들 수 있는지도 확인해야 합니다.

그런 면에서 가장 압도적인 기획은 '한문철TV'입니다. 세상에 자동차가 존재하는 한, 그래서 사고가 발생하는 한 '한문철TV'의 소재는 마를 일이 없습니다. 심지어 주요 콘텐츠의 소스를 제보자들이 공급해줍니다. 이런 선순환 사이클이 만들어진 것은 콘텐츠 제작자로서 정말 부러운 일입니다.

'진용진' 채널도 마찬가지입니다. 요즘은 웹드라마 쪽으로 콘셉트를 바꿨지만 이전의 기획은 정말 획기적이었습니다. '그것을 알려드림'은 어떻게 보면 〈그것이 알고 싶다〉의 패러디로 볼 수도 있죠. 시청자가 궁금해할 만한 내용을 직접 알려주는 콘텐츠입니다. 이 콘텐츠 역시 굉장히 획기적이었다고 할 수 있습니다. 마찬가지로 시청자들이 댓글로 직접 콘텐츠 소스를 공급해주는 구조였죠.

이 방식의 또 다른 장점은 댓글로 소통의 장이 열린다는 것입니다. 사람들이 저마다 자신이 궁금한 점을 묻다 보니 자연스레 댓글 참여도가 올라가고 영상의 평가 또한 좋아지는 것입니다.

시청자들이 지금 여러분의 유튜브 채널을 본다면 무엇이 떠오를까요? 아무것도 떠오르는 게 없다면 여러분의 채널이 아직 브랜딩되지 않은 것입니다. 앞으로 여러분은 시청자들에게 어떤 이미지로 다가가고 싶은가요?

바.　　‘10초 건너뛰기’ 할 틈이 없게 하라

바야흐로 쇼츠의 시대입니다. 이 바람을 일으킨 플랫폼은 단연 ‘틱톡’일 것입니다. 실제로 틱톡의 상승세는 무섭습니다. 2018년 글로벌 서비스를 시작한 틱톡은 숏폼의 선구자 역할을 했습니다. 2022년 1분기에 이르러서는 1인당 월 평균 사용 시간에서 틱톡(23.6시간)이 유튜브(23.2시간)를 앞서기도 했습니다.

　먼저 움직인 것은 메타였습니다. 메타는 2020년 8월에 틱톡을 모방한 ‘릴스’를 론칭했습니다. 유튜브는 다소 늦은 2021년 7월에 ‘쇼츠’를 정식 출시했습니다. 현재 숏폼 사용자는 틱톡 16억 명, 유튜브 쇼츠 15억 명, 메타의 릴스 10억 명 정도로 추

정됩니다.

유튜브 쇼츠의 이용자 추격 속도가 가파르게 상승하고 있습니다. 그 이유는 뭘까요? 바로 유튜브에서 쇼츠를 적극적으로 밀고 있다는 이야기죠. 따라서 우리는 쇼츠를 적극적으로 공략해야 합니다. 특히나 아직 팬덤이 형성되지 않은 신규 유튜버라면 쇼츠가 더욱 중요하겠죠.

쇼츠는 일반 동영상과 달리 영상 업로드 후 알림 설정한 구독자에게 알림이 전달되지 않습니다. 완벽하게 시청자의 시청 성향에 따라 추천이 이뤄지죠. 이 때문에 신규 구독자를 유치하는 데에 쇼츠가 굉장한 강점을 보이고 있습니다. 반면 일반 동영상의 경우는 이미 형성된 구독자층이 가장 먼저 볼 수 있는 시스템이기 때문에 기존 구독자들에게 어필할 수 있는 콘텐츠입니다.

따라서 쇼츠는 앞으로 '잡아올 물고기'들을 유인하기 위한 콘텐츠를 구성해야 하고, 일반 동영상의 경우 '잡아놓은 물고기'를 위한 콘텐츠를 구성해야 합니다. 다시 말하면 채널이 성장할 때는 쇼츠가, 어느 정도 규모가 커지면 일반 동영상의 중요성이 더 높아진다고 할 수 있습니다. 결국 어느 하나에 치중하기보다는 쇼츠와 일반 동영상 모두 신경 쓰는 게 가장 좋습니다.

영주시의 경우 쇼츠를 활용한 인삼 영상이 대박이 났었습니다. 1,000만 뷰를 기록하며 큰 성과를 거뒀죠. 외부 전문가를 통해 만든 영상이었지만 쇼츠를 집중적으로 공략했다는 점에서 큰 성과를 거뒀다고 생각합니다.

□ 영주시의 쇼츠 (출처: 영주시 유튜브)

다만 아쉬운 점은 쇼츠는 훌륭하게 성공시켰으면서도 일반 영상은 여전히 시정 홍보에서 벗어나지 못하고 있다는 것입니다. 쇼츠로 새로운 물고기를 잡아오고 있으니 일반 영상이 쇼츠의 퀄리티로만 유지된다면 영주시 유튜브는 훨씬 더 성공할 수 있으리라고 생각합니다.

1) 약간만 지루해도 시청자를 놓친다

그러면 일반 동영상의 재생 시간은 어느 정도가 좋을까요? 콘텐츠마다 다르겠지만 사실은 쇼츠처럼 만드는 게 가장 좋다고 생각합니다. 가능한 한 짧게 만드는 게 유리합니다. 이것은 알고리즘의 유불리를 떠나 일반적으로도 통하는 원칙입니다.

생각해보세요. 쇼츠, 틱톡, 릴스가 대세인 세상에서 혼자 긴 영상으로 승부를 보겠다는 것은 시대에 뒤떨어진 어리석은 생각일 수 있습니다. 다만 긴 영상이라도 정말 매력적이고 재미있으며 양질의 정보를 전달할 수 있다면 예외일 수도 있습니다. 그런데 그런 영상을 만들기란 정말 어렵죠. 다른 지자체의 평균 영상 길이를 확인해봤습니다. 보통 평균 3분 이상입니다.

반면 충주시 유튜브의 영상 길이는 어느 정도일까요? 최근 다섯 개 영상의 평균 길이가 41초입니다. 충주시 유튜브 영상 중 가장 짧은 영상은 밈을 활용해 충주시 종합 감사 일정을 알리는 '감사받았습니다'입니다. 영상 길이가 겨우 11초입니다. 핵심을 짧게 전달할 수 있다면 굳이 영상을 길게 만들 필요는 없다고 생각합니다. 기획 단계에서부터 영상을 짧게 구성하는 것입니다.

앞에서 이야기한 것처럼 극단적으로 짧은 영상일 필요까지는 없더라도 최대한 호흡을 짧게 가져가는 게 좋습니다. 아마 유튜브 이용자 중 '10초 앞으로 건너뛰기' 기능을 사용하는 분들이 꽤 많을 것입니다. 저도 마찬가지고요. 지루하기 때문이죠. 유튜브 '와썹맨'과 '워크맨'을 제작한 스튜디오 룰루랄라의 김학준 CP도 이를 강조한 적이 있습니다. 건너뛰기를 사용할 생각이 들지 않을 정도로 알차게 내용을 담는 게 목표가 되어야 한다고 말입니다.

저는 사실 이보다 더 빠른 호흡으로 가야 한다고 생각합니다. 건너뛰기를 못하게 하는 정도가 아니라 못 알아듣고 다시 뒤로 돌아가 한 번 더 볼 정도가 되어야 하는 것이죠. 물론 너무 빨라 정신이 없다는 의견도 있습니다만 앞에 서술한 여러 이유로 인해 여전히 빠른 호흡으로 가는 게 좋습니다.

2) 채널의 성장이 먼저

그렇다면 이런 걱정이 생길 것입니다. '짧은 영상으로는 수익이 나지 않잖아요?' 맞는 말입니다. 원래 유튜브 쇼츠는 수익이 발생하지 않았었죠. 하지만 2023년 2월부터 쇼츠에서도 수익이 발생하게 되었습니다. 유튜브 측에서도 틱톡이나 릴스 같은 숏폼을 의식해 쇼츠를 밀어주는 것이죠. 크리에이터에게 약 45퍼센트의 수익 배분이 이뤄집니다. 일반 동영상의 55퍼센트와 비교했을 때 큰 차이가 없죠. 따라서 쇼츠 위주로 운영하는 채널도 많이 늘어나고 있습니다.

아직도 일반 영상에서는 고민이 있을 것입니다. 그런데 유튜브 수익은 어떻게 이뤄질까요? 사실 여러분이 생각하는 것보다 유튜브에서 조회 수 수익이 차지하는 비중은 그리 크지 않습니다. 대부분의 수익은 광고가 차지합니다. 그렇기 때문에 우선 채널의 외형을 성장시킬 필요가 있습니다. 외형이 성장하면 이후 수익은 자연스럽게 따라옵니다.

무조건 저처럼 10초짜리 영상을 만들기를 권하진 않습니다. 다만 어떤 길이의 영상을 만들든 가장 훌륭한 영상을 만들기 위해 노력해야 하고, 동시에 그것을 최대한 압축하라는 팁을 드리는 것입니다. 짧아야 유리합니다.

사. 트렌드를 못 만들면 따라가기라도 하라

어떤 분야든 성공하는 데에 가장 쉬운 방법은 무엇일까요? 저는 일단 무조건 따라 하는 것이라고 생각합니다. 그렇다고 단순하게 남과 똑같이 하라는 말이 아닙니다. 본인만의 색깔을 살려야 합니다. '숏박스'나 '너덜트'가 유튜브에서 짧은 장면으로 구성되는 스케치 코미디sketch comedy의 번영을 만들어냈죠. 이후 수많은 스케치 코미디 분야의 유튜버가 생겼고, 관련 영상들이 대박이 났습니다. 이런 흐름을 알고 있다면 어떻게 해야 할까요? 따라 해야겠죠?

충주시도 '인수인계', '당직민원' 등 공무원의 현실에 대해 꼬집은 스케치 코미디 방식을 도입했습니다. 결과는 대성

□ 충주시의 스케치 코미디 방식의 영상들

공이었죠. 단순히 똑같은 영상을 베끼는 게 아니라 그런 방식을 도입해 나만의 콘텐츠를 만드는 것도 창조라고 할 수 있습니다. 물론 그 분야를 처음 개척한 분들에 대한 존중도 잊으면 안 되겠지만요. 모든 사람이 '숏박스'나 '너덜트'처럼 최초가 되기는 어렵습니다. 대중을 선도하는 트렌드를 만들기란 더욱 힘들죠. 그렇다면 적어도 이미 만들어진 트렌드를 따라가기라도 잘해야 합니다. 충주시 유튜브는 다섯 편의 스케치 코미디 형식의 영상으로 총 400만 회 이상의 조회 수를 뽑아냈습니다. 이런 식으로 최근 트렌드를 따라간다면 훨씬 더 좋은 성과를 낼 수 있습니다.

1) 지금 사람들이 가장 관심을 보이는 게 트렌드가 된다

저도 처음부터 트렌드를 따라가는 영상을 만들지는 않았습니다. 초반에 시도한 영상은 대부분 차별화된 공무원 인터뷰였습니다. 당시에는 그것밖에 할 수 없었기 때문이기도 합니다. 이 영상들도 물론 인기가 있었습니다만 처음부터 잘 되었다기보다는 이후 재조명된 경우였죠. 충주시만의 고유한 아이덴티티 중 하나지만 잔잔했던 콘텐츠였습니다.

실패한 또 다른 사례는 '신립은 왜 탄금대로 갔나' 영상입니다. 임진왜란 당시에 조령으로 가지 않은 신립 장군의 선택을 두고 여러 비판이 많았기 때문에 다른 관점에서 재조명해 보고자 기획한 영상이었습니다. 신립, 조령, 탄금대 모두 충주와 관련이 있으니 좋은 콘텐츠라고 생각했습니다. 개인적으로 공부도 많이 한 영상입니다.

그런데 이 영상의 결과는 어땠을까요? 폭발적인 반응이 있었을까요? 네, 여러분이 예상한 그대로입니다. 폭삭 망했습니다. 충주와 관련된 콘텐츠에만 집중하다 보니 중요한 것을 놓친 것이죠. 바로 트렌드입니다. 신립이나 탄금대는 트렌드에 맞지 않는 영상이었던 것입니다. 영상 자체에 의미가 없었던 것은 아니지만 더 성공적인 영상을 만들려면 더 효과적으로 접근해야 합니다.

유튜브에는 트렌드를 아주 잘 살려낸 영상들이 많습니다. 가장 최근 영상 중에는 '충 스미스 – Unholy'입니다. 개그맨 황제성 씨가 샘 스미스의 파격적인 퍼포먼스를 패러디한 영상인데 엄청난 화제가 되었었죠. 모니터링을 하면서 이 영상을 패러디하면 무조건 잘될 거라고 생각했습니다. 트렌디한 요소를 두루 갖춘 영상이었으니까요.

하지만 저는 망설였습니다. 본래 내성적인 제 성격과는 잘

충주시
녹지직
공무원

본격 등산
인터뷰

민원없는 민원팀?
공무원 V.LOG

속기직 vs 홍보맨
타자, 누가 더 빠른가?

맞지 않아 고민이 되었죠. 그런데 성공 앞에서는 어쩔 수 없더군요. 서둘러 분장과 춤 연습을 하고 촬영에 들어갔습니다. 결과는 조회 수 300만 회였습니다. 이렇게 트렌드를 따라가야 폭발적인 반응을 이끌어낼 확률이 높아집니다. 트렌드를 따라가지 못한 신립 영상은 아직도 14만 회에 머물고 있습니다.

2) 신문, 뉴스뿐만 아니라 커뮤니티도 놓치지 말라

트렌드를 따라가는 방법으로는 어떤 게 있을까요? 가장 중요한 것은 모니터링입니다. 시사나 뉴스, 지금 잘나가는 유튜버, 인기가 급상승하고 있는 분야, 인물, 키워드를 파악해야 합니다. 거창하게 들릴지 모르지만 저는 가능한 한 모든 뉴스를 확인하고 여러 커뮤니티나 카페, 유머 사이트를 모니터링합니다. 어떤 게 재미있고 어떤 인물과 이슈가 자주 언급되는지를 파악하는 것입니다.

이는 비단 유튜버뿐 아니라 기자, 방송작가, PD, 광고 마케터, 인플루언서 등 대중을 상대하는 다양한 분야의 전문가들이 공통으로, 그리고 필수적으로 하는 일입니다. 이들은 여론을 만들고 대세를 만드는 사람들입니다. 누구보다 트렌드에

민감한 사람들이죠. 나아가 이들의 먹거리가 트렌드에 모두 녹아들어 있다고 해도 과언이 아닙니다.

시사나 정치 유튜버가 아닌데 시사나 뉴스를 왜 알아야 하느냐고 의문을 가질 수도 있습니다. 하지만 꼭 해당 분야의 유튜버가 아니더라도 편집이나 자막 혹은 출연자일 경우에는 발언이나 드립에 평소 상식이 반영됩니다. 폭넓고 다양한 상식은 일반 유튜버들에게도 굉장히 중요한 덕목이라고 할 수 있습니다. 그렇기 때문에 여러분도 항상 트렌드를 따라가야 합니다.

트렌드는 먹거리를 구할 수 있는 창이기도 하지만 동시에 방패이기도 합니다. 아는 만큼 실수를 줄일 수 있기 때문에 역시 다양한 상식이나 밈을 공부해야 합니다. 어떤 밈을 가볍게 사용했는데 그 밈의 유래나 출처 또는 숨은 의미를 제대로 알지 못해 나중에 문제가 불거질 수도 있습니다. 자신의 채널을 지키려면 예방 차원에서라도 공부가 필요합니다.

눈치채셨나요? 유튜브 채널은 작은 방송국입니다. 방송국의 축소판이죠. 그렇기 때문에 여러분은 기자가 되어야 하고 PD가 되어야 하고 작가가 되어야 하는 것입니다. 심지어 연기자도 되어야 합니다. 이 점을 잊지 않길 바랍니다.

아. 단점을 스스로 드러내면

더는 단점이 아니다

보통 충주시 유튜브를 두고 'B급 홍보 영상'이라고 표현합니다. 그런데 사실 B급에는 여러 가지 종류가 있습니다. 사람들은 포멀한 영상 외의 것들을 전부 B급이라고 부르는 경향이 있죠.

가장 대표적인 B급 스타일로는 '가짜 저퀄리티 영상'이 있습니다. 이런 영상들은 보통 용역업체를 통해 만듭니다. 이들의 공통점은 저퀄리티를 표방하지만 사실은 고퀄리티 영상이라는 점입니다. 유명했던 영상 중 하나가 '부산시교육감의 존중송'입니다. 부산시교육감이 직접 출연해 '존중존중존중'을 무한 반복하는 영상이죠. B급 스타일의 좋은 예입니다.

그런데 충주시가 추구하는 B급은 이것과는 조금 다릅니다. 저희는 진짜 저퀄리티입니다. 저퀄리티가 어떻게 콘셉트가 될 수 있을까요? 바로 진짜 제 이야기이기 때문입니다. 진짜 못하는 사람이 못할 때 저퀄리티 콘셉트가 사람들에게 진정성 있게 다가간다고 생각합니다. '와, 여기는 이런 저퀄리티로 업로드를 하는구나?' 하며 신기해하기도 하고 재미있어하기도 할 것입니다.

카메라가 흔들리고 화질은 엉망이고 소리도 지직거렸습니다. 심지어 자막 맞춤법도 틀렸죠. 그런 것들이 사람들에게 진짜 솔직함으로 느껴졌기 때문에 오히려 사랑받았습니다. 속된 말로 '찐'이었던 것입니다.

1) 억지 텐션은 티가 나기 마련이다

우리는 보통 영상을 만들 때 거짓말을 합니다. 꼭 누군가를 속이려는 나쁜 의도가 아니라 좀 더 잘하고 싶고 좀 더 재미있게 하고 싶기 때문일 것입니다. 욕심이 앞서는 것이죠.

우선 내용 면에서도 과장하게 됩니다. 맛이 없어도 '맛있다', 재미가 없어도 '재미있다', 별로인데도 '아주 좋다'라며 표현을 과장합니다. '억지 텐션'이 바로 그것이죠. 재미를 위해 억지로 감정을 끌어올리는 것입니다. 본인의 실제 성격과는 다른 가상의 캐릭터를 만들어 운영하는 셈이죠.

물론 영상을 만들면서 어느 정도의 과장은 불가피하기도 합니다. 본인이 지금 우울하다고 해서 재미있는 영상에서 그런 감정을 드러낼 수는 없는 일이죠. 다만 '본캐'와 '부캐'의 괴리가 커지면 커질수록 부작용이 생깁니다. 흔히 '현타'라고 하죠.

단기적으로야 버틸 수 있지만 장기적으로 그런 콘셉트를 유지하기는 힘듭니다. 실제로 대형 유튜버 중에도 본인의 캐릭터에 대해 고민하는 경우가 있었죠. 실제로 인터넷 방송인이자 유튜버인 꽈뚜룹(본명 장지수) 님은 유튜브를 시작할 때부터 미국에서 온 미국인 콘셉트로 활동했습니다. 가상의 캐릭터인 부캐로 활동한 것입니다. 실제로 큰 성공을 거뒀습니다. 하지만 2021년 9월에 부캐였던 꽈뚜룹으로서의 활동을 중단하고 본캐인 '장지수' 씨로 돌아오기로 결정했습니다.

2) 신뢰성은 단점을 공개할 때 생긴다

일반 유튜버뿐 아니라 지자체도 마찬가지입니다. 지자체는 자기 지역의 관광지나 축제를 아주 잘 포장하고 싶어 합니다. 좋은 점만 보여주려 하는 것이죠. 그런데 그렇게 자화자찬만 하는 영상에서 진정성을 느끼기는 어렵습니다. 시청자들은 이런 영상을 보려 하지도, 재미있어 하지도 않습니다.

제 경우에는 오히려 우리 축제 홍보 영상에서 '축제 규모가 작다'고 '디스'합니다. 실제로 자동차 영화제였는데 자동차가 몇 대 못 들어갈 만큼 자리가 없었습니다. 원래는 일반 영화제로 기획했는데 코로나19 이슈로 자동차 영화제로 변경되는 바람에 활용할 수 있는 부지가 좁을 수밖에 없었죠.

장점이든 단점이든 자신의 상황이나 의견을 솔직하게 제시하는 것이죠. 단순하게 생각하면 '왜 우리 축제를 디스하지?' 라고 생각할 수 있습니다. 하지만 저는 그래야 시청자들의 시

□ 솔직하게 리뷰하는 무술영화제 홍보 영상

선을 잡을 수 있다고 생각합니다. 이미 시청자들도 다 압니다. 지역 축제는 다 똑같다는 것을요.

지역 축제에 방문해보면 10년 전과 달라진 점을 거의 찾아볼 수 없습니다. 그런 상황에서 시청자들에게 '우리 축제 좋아요! 우리 축제 끝내줍니다!'라고 외친다면 좋게 봐줄까요? 전

아니라고 생각합니다. 부족한 점은 부족하다고 솔직하게 말하는 것입니다. 그러면 시청자들은 오히려 귀를 기울일 것입니다. 그러고 나서 우리 축제의 장점을 언급해도 늦지 않습니다.

인터뷰 영상에서도 솔직함을 드러냈습니다. 현직 공무원 인터뷰를 많이 했는데 당당하게 공무원 연금을 없애달라고 요구하거나, 민원인에게 맞은 이야기를 솔직하게 다루기도 했습니다. 다른 기관이라면 편집되었을 내용이죠. 이런 날것의 솔직함이 있었기에 다른 지자체 유튜브와 다르게 우리 채널이 돋보일 수 있었던 것 같습니다.

심지어 일부 영상에서는 공무원 인수인계의 부조리함을 지적하는 내용을 넣기도 했습니다. 사실 공무원 사회에서 숨기

□ 공무원 인수인계

고 싶어 하는 일들을 공개적으로 드러내는 이런 이야기들은 어쩌면 내부고발에 해당할지도 모릅니다.

그런데 저는 이런 내용까지 솔직하게 오픈해야 한다고 생각합니다. 일종의 블랙코미디죠. 당연히 반발이 있을 수 있습니다. 내부에서 불편하게 바라볼 수도 있죠. 하지만 우리에게 불리하더라도 평소처럼 솔직하게 이야기해야 채널의 신뢰도가 올라갈 것입니다. 그래서 충주시 유튜브는 솔직합니다.

친구에게 보여주고 싶은 콘텐츠가 바이럴된다

페이스북을 운영하던 시절이었습니다. 그때 고구마 축제 포스터가 대성공을 거둔 적이 있습니다. 지자체 홍보 포스터 역사상 전무후무한 실적이었죠. 이 포스터로 인해 청와대 공식 페이지 조회 수를 이긴 적도 있습니다. 해당 포스터가 올라간 주에 페이스북 한국 전체 게시물 중 조회 수 2위를 차지하기도 했습니다. 대단한 성과죠? 당시 1위는 베스킨라빈스였습니다.

페이스북에 8,600개의 댓글이 달렸습니다. 그런데 이 8,600개의 댓글은 아무것도 아니었습니다. 각종 커뮤니티, 카페, 유머 사이트에까지 제 게시물이 퍼져나간 것입니다. 이렇게 확산된 게시물은 페이스북의 20배도 넘는 조회 수를 기록했습니

□ 페이스북에 업로드했던 충주시 고구마 축제 포스터

초대박고구마이벤트

고칼로리 시대를
구원할
마이 프레셔스~

마감시간: 9.13(목) 밤12시
참여방법: 1) 이 게시물에 댓글 달기
        2) 이 게시물에 좋아요 누르기
        3) 포스터 공유 끝.
            3개 다 하면 응모 완료
상   품: 충주 산척 고구마 1박스 (5kg)
선   정: 100명
발   표: 9.14(금)

🌀 충 주 시

충주시 산척면 고구마 축제
9.15(토)~16(일)

고양시
구미시
마포구

도 좋아하는 산척 고구마

맛있으면 0칼로리
맛없어도 저칼로리

산척 고구마

🌀 충 주 시

다. 이것이 바로 바이럴 마케팅 효과입니다.

특히 바이럴 마케팅이 성공적일 수 있었던 주요한 이유는 당연히 재미입니다. 하지만 재미만으로는 바이럴 마케팅에 성공할 수 없습니다. 재미와 더불어 시의성과 의미가 있어야 합니다. 또 다른 고구마 축제 포스터에서는 당시 가장 핫했던 축구선수 호날두의 포즈와 고구마를 합성한 '호우'를 활용한 게 매우 시의적절했다고 하겠습니다. 또한 결국 충주시 산척면의 고구마를 홍보했다는 점에서 의미까지 더한 포스터입니다.

온라인상에서 홍보에 성공하고 싶다면 무조건 바이럴을 활용해야 합니다. 바이럴이 우연한 결과가 아니라 아예 목표가 되어야 합니다. 저절로 바이럴 마케팅이 되는 홍보를 생각한다면 성공에 훨씬 더 빠르게 다가갈 수 있을 것입니다.

여러분이 알고 있는 성공한 유튜버 대부분이 이런 바이럴 마케팅 과정을 거쳤습니다. 그만큼 온라인상에서 콘텐츠가 확산되는 데에 바이럴 마케팅이 차지하는 비중이 크다고 할 수 있습니다. 솔직히 말하면 저 역시도 처음부터 바이럴 마케팅을 목표로 삼진 못했습니다. 남들과 다른 콘텐츠를 꾸준히 만들다 보니 간접적으로 얻은 효과였습니다. 하지만 여러분은 더 빠르게 성공에 다가가기 위해 바이럴 마케팅을 직접적인 목표로 삼으면 좋겠습니다.

1) 투입 대비 더 큰 효과를 낼 수 있는 바이럴 마케팅

그럼 바이럴 마케팅은 어떻게 해야 할까요? 첫째는 돈이 많이 드는 방법입니다. 전통적인 의미의 바이럴 마케팅입니다. 케이팝을 비롯한 가요계, 영화나 광고계 등 홍보가 필요한 대부분의 분야에는 바이럴 마케팅이 자리합니다. 얼마 전 최단 시간 빌보드 차트에 올라 화제가 된 케이팝 아이돌 그룹 역시 틱톡을 활용한 바이럴 마케팅이 주효했다고 합니다.

유튜브에서 가장 대표적인 경우는 한국관광공사의 '필 더 리듬 오브 코리아' 영상입니다. '범 내려온다' 신드롬으로 잘 알려져 있죠. 총 14편의 시리즈로 구성된 영상은 업로드한 지 2년 만에 총 조회 수가 3억 회에 다다르는 등 전 세계적으로 인기를 끌었습니다.

이 14편의 영상 제작비로 22억 6,400만 원이 사용되었습니다. 영상 제작에는 보통 예산이 많이 필요합니다. 이해할 수 있는 수준이라고 생각합니다. 그런데 이 영상의 광고를 위한 홍보에는 얼마의 비용이 들었을까요? 놀랍게도 101억 4,000만 원을 지출했습니다. 영상 제작비의 다섯 배가 넘는 광고비가 들었던 것입니다. 이 때문에 일각에서는 조회 수를 돈으로 산 게 아니냐는 논란이 벌어지기도 했습니다.

하지만 저는 예산을 많이 사용했지만 결과적으로 그보다 더 큰 홍보 효과를 거두었으니 성공한 마케팅이라고 생각합니다. 보통 광고 시장에서 이 정도 비용은 흔한 일이기도 합니다.

2) 공짜로 바이럴되게 만들어라

둘째는 돈이 적게 드는 방법입니다. 제 이야기죠. 충주시 유튜브의 1년 예산은 연 61만 원입니다. 모두 연간 영상 편집 프로그램의 라이선스 사용료입니다. 대부분의 1인 크리에이터처럼 저예산으로 유튜브를 운영하고 있는 셈이죠.

그렇다면 저는 어떻게 바이럴 마케팅을 할 수 있었을까요? 가장 중요한 것은 이미 이야기했습니다. 바로 남들과 달라야 한다는 것입니다. 남들과 다른 콘텐츠를 만들어야 이목을 끌 수 있습니다.

영상에서도 마찬가지입니다. 가장 조회 수가 많이 나왔던 '관짝 밈'의 경우 재미도 있었지만 관짝 밈이 유행하던 시기를 잘 활용했습니다. 또한 코로나라는 시기에 맞춰 그것을 생활 속 거리두기 홍보로 의미까지 담아냈기에 대성공을 거둘 수 있었습니다.

□ 관짝 밈과 홍보맨 슬릭백 섬네일

　최근 인기 급상승 동영상 2위에 올랐던 '홍보맨 슬릭백'도 마찬가지입니다. 가장 핫한 슬릭백을 충주시 상수도공사에 접목시킴으로써 그 효과를 배가했습니다. 재미와 시의성, 의미를 모두 담아내야 효과적인 바이럴 마케팅을 만들 수 있습니다.

죽이 되든 밥이 되든

기획자의 의도를 관철하라

영상을 만들면서 가장 힘들었던 기억을 꼽으라면 주저 없이 결재 과정을 들 수 있습니다. 아무래도 세상에서 가장 딱딱한 관공서에서 가장 자유로운 콘텐츠를 만드는 일이니 얼마나 큰 장벽이 있었을지 예상하시겠죠?

홍보 업무는 조금 특이합니다. 어떤 정책이나 사업에 대해 회의한다고 가정해봅시다. 대부분의 사람이 별다른 의견이 없습니다. 해당 내용에 대해 잘 모르기 때문에 의견을 내고 싶어 하지 않기도 합니다. 대개의 정책이나 사업들은 복잡하고 어려우니까요.

한번 상황을 바꿔볼까요? 홍보 영상을 한 편 보여주고 의견을 제시하라고 하면 어떤 일이 벌어질까요? 100명이면 100명 모두 의견을 낼 수 있습니다. 왜 이런 현상이 일어날까요? 홍보물은 직관적이고 쉽기 때문입니다. 그래서 누구나 의견을 제시하기 쉽죠. 이것을 다르게 이야기하면 정답이 없다는 말입니다. 홍보는 사실 '취향 차이'이기 때문입니다.

홍보실에서는 1년에 두 번 정도 시를 홍보하는 내용의 짧은 스폿 영상을 제작합니다. 흔히 말하는 광고 영상이죠. 광고업체에서 만들어온 영상으로 결재를 올리면 어떤 일이 벌어질까요? 팀장님이 글자가 너무 많다고 하십니다. 그러면 업체에서는 글자를 줄여 수정본을 가져옵니다. 그런데 이번에는 과장님이 글자가 적다고 하십니다. 누가 맞는 걸까요?

그다음은 색깔입니다. 팀장님은 파란색, 과장님은 빨간색. 그다음은 영상 길이가 너무 길다, 짧다… 이렇게 결재 과정이 반복되다 보면 결국 영상은 누더기가 됩니다. 마지막에 가서 원본과 비교해보면 어떤 일이 벌어질까요? 결국 다시 원본이 선택되는 경우가 많습니다.

그나마 글자 색이나 크기 등 디테일을 건드리는 것은 조금 낫습니다. 애초에 영상의 기본 콘셉트나 내용을 건드리는 경우는 더욱 치명적입니다. 아무리 작은 장면이라 하더라도 그것이 해당 영상의 포인트라면 이는 아주 중요한 부분입니다.

그런데 갑자기 그 부분을 빼라고 한다면 그 영상의 의미는 사라지고 마는 것입니다.

또 채널의 기본 콘셉트에 어긋나는 영상을 강요하는 경우도 있습니다. 채널 영상의 일관성이 중요하다는 것은 아무리 강조해도 지나치지 않습니다. '숏박스'나 '피식대학' 채널에 갑자기 코로나19 예방이나 정책 홍보 영상이 들어간다면 어떻게 될까요? 아니면 갑자기 낚시 콘텐츠가 올라온다면요? 그것은 구독자와의 약속을 어기는 행동입니다.

1) 콘텐츠에 대해 가장 깊이 고민하는 사람은 담당자다

저 역시 상급자들과 빈번한 충돌이 있었습니다. 한번은 영상 결재를 기다리고 있었습니다. 상사는 급한 일정이 있다며 일단 업로드하지 말고 기다리라고 했습니다. 충주시 유튜브의 업로드 시간은 매주 화요일 저녁 6시입니다. 시간을 철저히 지켜야 하는 것은 두말할 필요도 없이 너무나 당연한 일입니다. 이것 역시 구독자와의 약속이니까요.

당연히 규칙적인 업로드가 전략적으로나 효과성 측면에서나 이익입니다. 그러나 이익보다 더 큰 문제는 구독자와의 약속을 어긴다는 것입니다. 그런데도 좀 기다려보라더군요. 조금 늦게 올려도 되지 않느냐는 것이었죠. 저는 너무 화가 났습니다. 도무지 이해가 가지 않았죠. 결국 저는 구독자와의 약속을 지키지 못했습니다. 그날 영상은 저녁 7시를 넘기고서야 업로드했습니다.

결재권자 입장에서는 당연히 직원의 콘텐츠를 검수할 수 있습니다. 직원이 만든 콘텐츠에 대한 책임 또한 결재권자의 몫이기 때문이죠. 하지만 담당자 또한 여러 가지를 고려해 콘텐츠를 만들어냅니다. 그러면 그 콘텐츠에 대해 피드백을 할 때 신중을 기해야 합니다. 보통의 경우에는 틀린 게 아니라 취향 차이에서 나오는 피드백이기 때문이죠.

결재권자는 최소한의 개입만 한다고 생각하고 담당자를 믿어주어야만 좋은 콘텐츠가 나올 수 있습니다. 담당자에게 재량권을 주어야 한다는 말입니다. 담당자가 해당 사안을 가장 잘 알고 있고 포인트도 가장 잘 알고 있습니다. 그리고 사실 사고가 터지면 결국 담당자가 책임을 집니다. 이 말은 담당자 역시 문제점까지 충분히 고려한다는 이야기입니다. 따라서 결재권자는 담당자에게 최대한의 자율권을 보장해주어야 합니다.

저는 일정 수준 이상의 구독자가 되었을 때 일종의 무無결재 시스템을 도입했습니다. 선 업로드, 후 보고를 한 셈이죠. 그렇게 되기까지 많은 시행착오가 있었습니다. 하지만 결국 투쟁 끝에 얻은 이 무결재 시스템이 충주시 유튜브의 성공 요인이라 할 수 있습니다.

2) 사공이 많으면 배가 산으로 간다

그럼 이것은 상급자만의 문제일까요? 저는 꼭 그렇게 생각하지 않습니다. 상급자냐, 하급자냐의 문제가 아니라 결국 사람의 문제이고 조직의 문제라고 생각합니다.

자, 기획을 시작해봅시다. 만약 상급자가 아니라 동료 직원과 기획을 한다면 좋은 콘텐츠가 나올까요? 서로 잘 협의해 진행한다면 말입니다. 저는 불가능하다고 생각합니다. 자유롭게 혼자 기획할 때 가장 창의적인 아이디어가 나오기 때문입니다. 조별 과제를 생각해보면 이해하기 쉬울 것입니다. 조별 과제가 유독 힘든 이유가 뭘까요? 모두가 바보들이어서? 모두가 무책임해서? 사실은 조원들의 생각이 모두 다르기 때문일 것입니다. 생각이 제각각이다 보니 결과물 또한 엉망이 되고 마는 것이죠.

특히 유튜브 영상 제작은 고도의 개성과 창의성이 필요합니다. 기획부터 촬영, 편집, 출연까지 모든 것에 개성이 들어가기 마련입니다. 그래서 제가 이상적으로 생각하는 방식은 1인 총괄 제작 방식입니다. 실제로 파격적인 영상으로 유명한 광고회사 '돌고래유괴단'의 방식도 이와 같은데요. 한 개의 프로젝트를 개인이 맡아 총괄하는 방식을 이용합니다. 개인의 자율을 최대한 인정하는 것이죠.

이 같은 방식이 가장 효율적이라고 생각하는 이유는 영상의 기획 의도를 가장 잘 파악하고 있는 사람은 바로 기획자이기 때문입니다. 기획자가 촬영하는 게 가장 이상적인 구도를 만들고, 그 기획자가 기획 의도를 가장 잘 반영한 연기를 할 수 있으며, 마찬가지로 기획자가 편집까지 해야 원래의 기획 의도에 맞는 맛깔난 편집을 할 수 있습니다.

그래서 저는 수직적인 의사결정이나 팀 단위의 프로젝트는 유튜브에 적합하지 않다고 생각합니다. 뭔가 기존의 것과 다른 것을 만들고 싶다면 간섭하면 안 됩니다. 그 누구든.

카. 반드시 찾아올 단 한 번의 기회를 잘 기다리자

'유튜브에서 알고리즘의 선택을 받으려면 얼마나 걸릴까요?'
많은 분이 물어보는 질문입니다. 사람들은 너무 조급하게 생
각합니다. 영상 하나를 올렸다고 바로 반응이 올 수 있을까요?
출연자가 이미 유명한 연예인이나 PD라면 그럴 수도 있습니
다. 유재석 씨가 출연하는 '핑계고'나 나영석 PD가 연출하는
채널은 첫 영상부터 좋은 반응을 불러왔죠. 하지만 보통 유튜
브를 처음 시작하는 개인은 그렇지 못합니다. 구독자 1,000명
을 넘는 데만도 1년이 넘게 걸리는 경우가 부지기수입니다.

유튜브의 알고리즘은 어떻게 작용할까요? 일정 시간 일정
데이터가 쌓여야 알고리즘이 반응합니다. 따라서 유튜브 채널

은 지속적이기보다는 계단식으로 성장합니다. 충주시 유튜브의 경우에도 구독자 1,000명을 돌파하기까지 꽤 긴 시간이 걸렸습니다. 당연하게도 여러 개의 영상 축적과 꽤 긴 시간이 필요합니다.

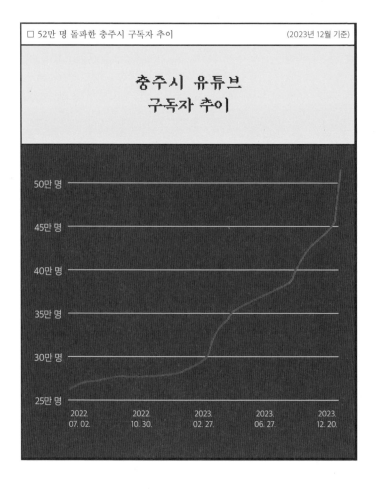

□ 52만 명 돌파한 충주시 구독자 추이 　　　　　(2023년 12월 기준)

충주시 유튜브
구독자 추이

그런데 대부분의 유튜버와 지자체들은 빠른 성과를 원합니다. 한번은 타 지자체에서 충주시 유튜브를 벤치마킹하러 왔습니다. 아주 의욕이 넘치는 과장님과 함께였습니다. 자리에 앉자마자 예산이 얼마든 상관없고 무조건 연말까지 구독자를 모아야 한다고 하셨습니다. 옆에 있던 직원들의 표정이 좋지 않아 보였던 기억이 있습니다.

그런데 유튜브 채널의 성장이라는 것은 일반 행정이나 사업과는 다릅니다. 어떤 목표를 정하고 그 시간까지 무조건 달성하기란 불가능에 가깝습니다. 언제 알고리즘의 선택을 받을지 모르기 때문이죠.

1) 가짜 구독자로 가짜 효과를 만들지 말라

무엇보다 주의할 점은 '가짜 구독자 모으기'입니다. 구독자는 보통 맞춤 영상이나 검색으로 내 영상을 보고 나서 신중하게 구독을 결정합니다. 앞으로도 계속 이 채널의 영상을 보고 싶을 때 구독을 결정하는 것이죠. 이렇게 발생한 구독자는 의미 있는 구독자입니다. 앞으로 내 채널을 계속 방문하고 알림이 떴을 때 영상을 시청해줄 진정한 의미의 구독자죠.

그런데 가짜 구독자를 모으면 어떻게 될까요? 대표적으로 구독 이벤트로 모은 구독자가 있죠. 이벤트를 통해 구독자를 늘리면 어떤 영향이 있을까요? 처음에는 구독자가 눈에 띄게 증가하니 당장은 즐거울 수 있을 것입니다. 그런데 장기적으로는 엄청난 손해가 될 수 있습니다. 그 이유가 뭘까요?

유튜브는 구독자들에게 맞춤 동영상이나 알림의 형태로 해당 채널의 영상을 보여줍니다. 그런데 가짜 구독자의 경우에는 대부분 그 영상을 전혀 시청하지 않을 것입니다. 애초에 채널의 콘텐츠에 진짜 관심이 있어서 구독한 경우가 아니거든요. 그러면 어떤 일이 벌어질까요?

유튜브 알고리즘의 주요 평가 지표인 클릭률이 급감하게 됩니다. 아무리 피드에 떠도 보지 않는 영상이라고 판단하는 것이죠. 가짜 구독자는 설사 영상을 클릭했다 하더라도 금방 나가버릴 가능성이 큽니다. 원래 원하던 영상이 아니기 때문이죠. 그러면 또 다른 주요 지표인 조회율마저 급락하게 됩니다.

그렇게 되면 유튜브의 영상 평가에서 엄청난 손해를 보게 됩니다. 장기적으로 채널에 악영향을 주는 것이죠. 일부 지자체의 경우 실제로 이런 구독 이벤트를 운영하고 있습니다. 엄밀히 말하자면 돈을 주고 구독자를 사는 행위로 합법과 불법의 경계에 있는 일입니다. 이런 것은 세금을 낭비하는 동시에 본인의 채널에 위해를 가하는 행위라고 할 수 있습니다.

또한 일부 지자체 중에는 아직도 직원들에게 구독을 권유하는 행위를 하는 곳이 있습니다. 심지어 공문을 보내 타 지자체에 협조를 구하기도 하죠.

□ 지자체의 구독 협조 공문 예시

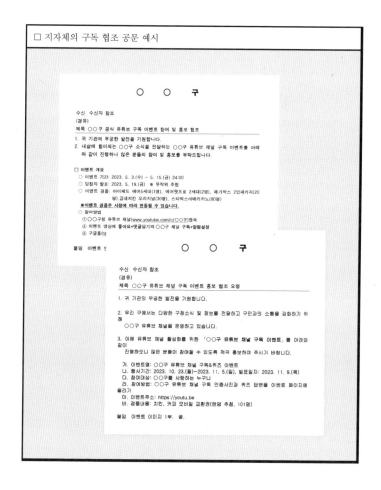

놀랍게도 이 같은 행위는 구독자를 산 것보다 채널에 더 악영향을 끼칩니다. 차라리 구독자를 샀을 때는 이 구독자들이 주로 활동하지 않는 가짜 계정이기 때문에 클릭률에 영향을 끼치지 않을 수도 있습니다. 그런데 직원들이 실제로 사용하는 계정으로 강제 구독을 하게 한다면 이는 그 채널의 더 큰 클릭률, 조회율 하락으로 이어집니다.

진짜 내 채널이 좋아서 구독하는 경우만이 진짜 구독자입니다. 실제로 저는 구독 이벤트나 직원들에게 구독을 종용하는 행위를 한번도 해본 적이 없습니다. 개인 유튜버도 마찬가지입니다. 지인을 동원하는 것은 오히려 악영향을 끼칩니다. 순수하게 콘텐츠로 승부를 봐야 합니다.

2) 알고리즘의 기회를 놓치지 않기 위해서는

그러면 도대체 언제 알고리즘의 선택을 받는다는 것일까요? 제 경험으로는 특정 주기마다 알고리즘이 밀어주는 경우가 있습니다. 어느 날 갑자기 특정 영상을 많이 노출해주는 것이죠. 이때 중요한 것은 그 밀어주는 특정 영상의 퀄리티가 좋아야 한다는 점입니다. 만약 알고리즘의 선택을 받았는데 그 영상이 매력적이지 않다면, 알고리즘의 선택을 받았다 하더라도 채널은 전혀 성장하지 못합니다.

당연하게 들릴 수 있겠지만 그래서 꾸준히 좋은 콘텐츠를 만드는 게 중요합니다. '하늘은 스스로 돕는 자를 돕는다'라는 말이 있습니다. 놀랍게도 저는 이 말이 유튜브의 생리와 무척 닮아 있다고 생각합니다. 언제 어떤 영상이 알고리즘의 선택을 받을지 모르기 때문에 꾸준히 좋은 콘텐츠를 만들다 보면 채널 성장의 기회가 찾아옵니다.

충주시 유튜브도 처음부터 잘된 것은 아니었습니다. 2019년 4월 8일에 유튜브를 만들고 정확히 5월 7일, 딱 한 달째가 되어서야 간신히 구독자 1,000명을 돌파했습니다. 지금 생각하면 더없이 창피한 일인데요, 구독자 1,000명을 달성하고 보도자료를 내 자축하며 부시장님을 불러 케이크까지 잘랐습니다.

저는 사실 우리 유튜브가 더 빠르게 성장할 것을 기대했습니다. 기존의 지자체에서 볼 수 없는 파격적인 콘셉트였기 때문에 바로 주목을 받을 줄 알았던 것입니다. 그런데 현실은 그렇게 만만하지 않았습니다.

하지만 꾸준히 충주시만의 콘셉트를 지키며 영상을 올리다 보니 드디어 알고리즘의 선택을 받았습니다. 아쉽게도 지금은 삭제된 '충주사과를 찾아라'라는 영상입니다. 이 영상이 지금

□ 충주시 유튜브 구독자 1,000명 돌파 보도자료 （출처: 뉴스1 기사 캡처）

의 충주시 유튜브를 만들어주었습니다.

이 영상은 충주사과, 영주사과, 청송사과를 가져다 놓고 맛을 본 뒤 충주사과를 찾아내는 콘텐츠였습니다. 일종의 블라인드 테스트였지요. 하지만 사실 맛을 보고 사과를 찾는다는 것은 불가능에 가깝습니다. 한 나무에 달린 사과라도 각기 맛이 다르기 때문이죠. 게다가 결론적으로는 세 가지 사과 모두 충주사과였습니다. 그래서 더 인기가 많았던 것 같습니다.

돌이켜보면 이 영상에서의 핵심은 반전이었습니다. 우선 공무원으로서 해서는 안 되는 콘텐츠였던 것이죠. 다른 지역 사과와 비교라니! 이런 콘텐츠는 적잖이 금기시되는 측면이 있습니다. 하지만 그것을 순화시키는 장치도 있었죠. 바로 모두 충주사과였다는 점입니다. 이런 반전 때문에 제대로 알고리즘을 탔던 것 같습니다.

5월 23일까지 1,500명이었던 구독자가 6월 23일에는 2만 8,000명으로 무려 20배가량 늘었습니다. 반응이 거의 없던 처음 두 달 동안은 무척 고민이 많았습니다. 큰 성과가 날 거라고 장담하고 새로운 시도를 했는데 성과가 보이지 않으니 불안할 수밖에요. 하지만 끝까지 제 방식을 믿고 영상을 제작한 결과 의외의 영상이 대박이 났던 것입니다.

3.

제목 **한 단계 더 도약하는 채널 체급 키우기**

- 다 음 -

가. 위에서 떨어지는 주제는 대부분 재미없다

재미있고 창의적인 기획을 하는 가장 좋은 방법은 하나의 주제에 매몰되지 않는 것입니다. 우리는 보통 홍보 영상을 만들 때 어떤 주제를 정하고 시작합니다. 기관이라면 어떤 지시에 의해 주제가 정해지기도 합니다. 예를 들어 '충주 택견을 홍보하라' 이런 것이죠.

그런데 이렇게 주제를 먼저 정하고 그것을 어떻게 만들지 소재를 찾다 보면 분명 한계에 맞닥트립니다. 주제에 매몰되는 것이죠. 주제를 정하는 순간 자유로운 아이디어는 사라지고 해당 주제에 대한 집착만 남게 됩니다. 물론 그 주제가 굉장히 재미있고 신선하고 시의적절하다면 이야기는 좀 달라집니다. 그런데 그 주제가 재미없고 딱딱한 경우라면 정말 답이 없습니다.

혹시 여러분은 택견이나 무술에 관심이 있으신가요? 충주에서는 10여 년 전부터 택견과 무술 분야를 밀고 있었습니다. '세계 무술 축제'나 '무예 마스터십' 등의 국제대회도 꾸준히 개최했죠. 물론 성과는 별로 좋지 않았습니다. 여기에 우리가 생각해봐야 할 게 있습니다. 애초에 무술이 정말 좋은 주제인지 말입니다.

충주시는 무술 축제를 전국에서 최초로 시작했다고 자랑스러워했습니다. 심지어 국제대회는 전 세계에서도 최초였습니다. 새로운 도전은 물론 의미가 있죠. 그런데 한번 바꿔 생각해볼까요? 그렇게 좋은 것이면 이제까지 왜 아무도 안 했을까요? 맞습니다. 별로이기 때문입니다.

어느 날 저는 무술 축제와 무예 마스터십을 홍보하라는 지시를 받았습니다. 충주시의 상위기관인 충청북도에서 요청이 왔더군요. 몇 번 거절 의사를 밝혔습니다. 망할 것 같았거든요. 그런데 집요하게 요청이 이어졌습니다. 다양한 루트를 통해 지시가 내려왔습니다. 저는 몹시 고민했습니다. 어떻게 홍보해야 할지 길이 보이지 않았기 때문입니다. 오랜 망설임 끝에 결국 영상을 만들어보기로 했습니다. 저도 공무원이자 조직에 속해 있는 사람이니까요.

□ 조직의 지시에 따라 만들어낸 무예 vs 무술 영상

이름부터 저를 혼란스럽게 했습니다. 도대체 무술은 뭐고, 무예는 뭐죠? 한숨만 나왔습니다. 결국 '무예 vs 무술, 무엇이 더 강한가?'라는 영상을 만들었습니다. 그런데 저는 지금도 무예와 무술이 무엇이 다른지 알지 못합니다. 아니 알고 싶지도 않습니다. 결국 억지로 콘텐츠를 만들었고 결과는 실패였습니다. 택견이나 무술을 소재로 시청자의 반응을 이끌어내는 것은 〈무한도전〉 전성기 때나 가능한 일입니다. 아! 김태호 PD라면 당연히 시도하지 않았을 것입니다.

또 주제가 떨어졌습니다. 전국 단위 소비 촉진 행사인 '대한민국 동행 세일'을 홍보해달라는 것이었죠. 당시 주관이었던 중소벤처기업부에서 요청이 왔던 것으로 기억합니다. 정부가 주관하는 정말 큰 행사죠. 그런데 여러분 생각엔 어떤가요? 동행 세일이 재미있을까요? 전혀 재미있지 않습니다. 결국 중소벤처기업부 장관님과 촬영까지 마쳤지만 영상은 업로드하지 못했습니다. 도저히 유튜브 각이 나오지 않았던 것입니다.

1) 유튜브 각이 나오는 소재 먼저 정하라

자, 이제까지 주제를 먼저 정해 실패한 사례들을 봤습니다. 그러면 이제부터 꿀팁을 드리겠습니다. 바로 소재부터 정하는 것입니다. 이것을 다르게 이야기하면 자유 주제로 시작해야 한다는 의미입니다. 특정한 주제에 함몰되지 않고 더 자유롭게 생각해보는 것이죠. 가장 재미있을 만한 주제를요.

유튜브에서 가장 잘나가는 콘텐츠는 역시 먹방이죠. 저는 먼저 먹방이라는 소재를 잡았습니다. 그다음 충주시 어디에서 먹방을 해야 가장 재미있을지 고민했습니다. 완전히 거꾸로 생각해본 것이죠. 충주시청 어디에서 먹방을 해야 가장 재미있을 것 같나요? 그때 제가 생각했던 것은 하수처리장이었습니다. 하수처리장 오수 옆에서 하이라이스 먹방을 하는 것이죠.

그런데 만약 충주시 하수처리장을 홍보하라고 지시가 내려

□ 하수처리장에서 찍은 먹방 영상

하수처리장 먹방
극한공무원 1탄

왔다면 어땠을까요? 이미 하수처리장이라는 주제가 정해진 상태였다면 저는 아마 먹방을 떠올리지 못했을 수도 있습니다. 주제가 정해진 순간 하수처리장의 시설이나 기계적인 특징에 집중했겠죠. 혹은 악취 속에서 고생하는 직원들의 근무 여건에 더 집중했을 것입니다. 이처럼 자유 주제로 시작하는 방법이 창의적인 아이디어를 짜는 데에 훨씬 더 큰 도움이 됩니다.

이는 제가 좋아하는 패러디와 밈을 활용할 때도 중요하게 적용됩니다. 드라마 〈더 글로리〉를 패러디한 다음 영상은 주민과의 대화를 홍보하기 위해 만들었습니다. 그런데 이때 역시 주민과의 대화(주제)를 홍보하기 위해 〈더 글로리〉 패러디(소재)를 사용한 게 아닙니다. 반대로 유행하던 〈더 글로리〉를

□ 드라마 〈더 글로리〉를 패러디한 '멋지다 길형아~' 홍보 영상

멋지다 길형아~

먼저 사용하고 싶었습니다. 그 이후에 〈더 글로리〉로 충주시의 어떤 것을 홍보할지를 고민한 것입니다.

〈더 글로리〉의 학교 강당 장면이 유명했고, 이 장면을 활용할 수 있는 유사한 장면을 충주시에서 찾으려 노력했습니다. 그러다가 당시 시에서 진행 중이던 '주민과의 대화'가 떠올랐고, 그 즉시 주민과의 대화를 촬영하러 갔습니다.

조길형 시장의 당선 영상도 마찬가지입니다. 영화 〈관상〉의 패러디로 수양대군이 등장하는 장면을 활용했습니다. 이를 위해 시장님께 계단을 성큼성큼 올라오라고 지시(?)했죠. 두 번만에 완성했습니다.

이 영상 역시 당선(주제)을 먼저 정한 게 아니라 〈관상〉 패

□ 영화 〈관상〉의 수양대군(이정재)을 패러디한 충주시장 당선 영상

러디(소재)를 먼저 생각했던 것입니다. 그리고 그에 맞는 주제를 찾기 위해 노력했습니다. 뭔가가 등장한다는 의미에서 잘 맞아떨어진 영상이었습니다. 이처럼 소재를 먼저 잡고 주제를 정하는 것은 실무자들에게 굉장한 꿀팁입니다.

나. 유튜브 각만 만들어내면 뭘 하든 통한다

말도 안 되는 상황을 노리는 것은 전형적으로 예능에서 많이 사용하는 방식입니다. 당대 최고의 예능 프로그램인 〈무한도전〉이나 〈1박 2일〉, 〈런닝맨〉도 마찬가지죠. 최고의 스타들을 말도 안 되는 상황에 놓이게 합니다.

배우 차승원 씨가 정장을 입고 등장합니다. 그런데 갑자기 갱도로 끌려 들어가 얼굴에 먹칠을 하고 하루 종일 석탄을 나릅니다. 또는 세계 최고의 축구 선수 티에리 앙리를 초대해놓고는 물 공 헤딩을 시키며 몸 개그를 유도합니다. 어떨 때는 짜장면 한 그릇을 먹기 위해 마라도까지 가고, 어쩌다 나온 김상덕 씨를 찾으러 알래스카까지 날아갑니다. 말도 안 되죠. 도저히 상상할 수 없는 장면 아닌가요? 이것이 바로 전형적인 예능식 접근입니다. 이런 상황이 의외성과 재미를 연출합니다.

<1박 2일>의 경우도 마찬가지입니다. 최고의 예능인들이 쫄쫄 굶어가며 고통을 받습니다. 스태프들과 대결을 통해 먹을 것을 따냅니다. 이것이 바로 순수한 재미입니다. 그 재미는 대치되는 상황에서 오기도 합니다. 황소와 줄다리기, 지하철과 달리기 대결도 마찬가지죠. 이런 대결 구도도 전형적인 예능 방식 중 하나입니다. 우리는 이런 예능 방식을 유튜브에 접목할 필요가 있습니다. 가장 검증된 방식이기 때문입니다.

1) 가장 공무원 같지 않은 공무원이 포인트

저 역시 충주시 KTX 개통을 홍보하기 위해 KTX와 달리기 대결을 생각해냈습니다. 공무원 신분인 제가 수의를 입고 구치소에 직접 들어가보는 체험 영상을 찍기도 했죠. 이런 영상은 말도 안 되는 상황을 잘 활용하는 콘텐츠라고 할 수 있습니다.

충주시 유튜브를 운영하는 공무원인 제가 어떻게 하면 재미있는 상황을 만들 수 있을까요? 바로 가장 공무원 같지 않아야 합니다. 만약 공무원 유튜버가 역시나 공무원 같다면 그

것은 너무 뻔하죠. 그래서 유튜브 속에서의 저는 전형적인 공무원의 모습이 아닙니다. 어떨 때는 정말 솔직하고 어떨 때는 건방져 보이기까지 하죠. 공무원 같지 않은 날것의 콘셉트를 유지하는 것입니다.

구독자 수 30만 명을 기념하기 위해 촬영한 공무원 눕방이

□ 구독자에게 감사 인사를 전하는 공무원 눕방

대표적인 예입니다. 보통 구독자 수 30만 명을 달성하면 다들 구독자에게 감사를 표하죠. 이벤트도 엽니다. 사실 저도 굉장히 감사한 마음을 갖고 있습니다. 특히나 충주시 유튜브의 경우는 팬덤의 역할이 중요했으니까요.

그런데 그렇게 남들과 똑같이 감사 인사를 한다면 재미가 없을 거라고 생각했습니다. 그래서 가장 건방진 자세로 감사 인사를 해야겠다고 마음먹었습니다. 가장 겸손해야 할 공무원이 가장 감사한 상황에서 누워서 인사를 한다? 당연히 이슈가 되겠죠? 예상했던 대로 대박이 났습니다.

2) 상황이 준비되었다면 이미 끝났다

장관 인터뷰의 경우도 마찬가지죠. 물론 장관을 만나면 할 이야기가 많을 것입니다. 다른 지방 도시와 마찬가지로 충주 역시 응급 의료 문제가 심각하거든요. 장관에게 이를 직접 요청할 수 있는 기회는 흔치 않습니다. 그런데 사실 무엇을 말하는가는 그리 중요하지 않습니다. 이미 좋은 그림이 나오기 때문이죠. 이게 무슨 말일까요?

지방직 9급 공무원과 장관의 인터뷰! 어디서 많이 본 듯한 말도 안 되는 상황입니다. 바로 전형적인 예능 상황이죠. 보통 장관의 경우는 지자체장도 면담이 힘듭니다. 그런데 하물며 9급 공무원과의 인터뷰라니요! 어디서도 볼 수 없는 그림이 그려진 것입니다. 일단 이런 그림을 만들어냈다면 사실 그 안에서 어떤 대화가 오가는지는 별로 중요하지 않습니다. 좋

□ 장관과의 인터뷰 영상

은 상황을 만들어냈다면 결과는 따라오기 마련이니까요.

콘텐츠를 만들 때 가장 중요한 것은 기획이죠. 그리고 그 기획의 핵심은 이런 상황을 만드는 것입니다. 좋은 기획은 상황으로 구독자를 웃기는 것이죠. 일단 그런 상황이 만들어졌다면 이후의 멘트나 편집은 부수적인 것이죠. 여러분도 말도 안 되는 상황을 한번 만들어보세요.

다.　　　교육청에서 교육을 빼고,
도서관에서 책을 불태워라

저는 충주시 축제를 홍보할 때 좋다고만 하지 않았습니다. '주차장이 좁네, 작년이랑 똑같네, 카드 결제 안 되네' 같은 불평을 늘어놓기도 하죠. 실제로 이런 영상을 올렸다가 상급자에게 혼이 난 적도 있습니다. 왜 우리 축제를 부정적으로 표현하느냐는 것이었죠. 그럼 저는 도대체 왜 우리 축제를 나쁘게 표현했을까요? 바로 그 점이 포인트입니다.

만약에 우리 축제는 이것이 좋고, 저것이 좋고 하는 식의 칭찬만 늘어놓는다면 과연 사람들은 이 축제에 대해 어떻게 생각할까요? '와, 정말 좋은 축제구나, 꼭 가보고 싶다'라고 느낄까요? 아니요, 절대 그럴 리가 없습니다. 이미 다른 채널로 옮겨갔을 것입니다. 뒤로가기를 눌렀겠죠.

다른 재미있고 좋은 영상이 많은데 왜 굳이 앵무새처럼 똑같은 말만 늘어놓는 영상을 보겠습니까. 실무자나 결재권자들에게 되묻고 싶습니다. 과연 본인이라면 이런 영상을 보고 싶은지 말입니다. 사람은 누구나 똑같습니다. 시청자들에게 어필하기 위해서는 때로는 극약 처방을 해야 할 필요가 있습니다.

괴산 유기농 엑스포 홍보를 했을 때입니다. 뜬금없죠? 충주시에서 왜 괴산 유기농 엑스포를 홍보할까요? 역시 도의 아주 높은 곳에서 내려온 지시였습니다. 그것을 홍보할 때 제가 썼던 전략은 오히려 억지로 홍보하는 티를 적극 내는 것이었습니다. '도지사가 시켜서 억지로 홍보한다'는 식이죠. 그렇게 억지로 하게 된 이유를 밝히고 억지로 하니 그것이 오히려 신선하게 받아들여졌습니다. 누군가가 시킨 것을 숨기고 자발적으로 홍보하는 척했다면 당위성이 떨어졌을 것입니다. 그래서 오히려 오픈하는 방식을 사용한 것입니다.

그러면 제가 '디스'만 했을까요? 아닙니다. 디스와 동시에 시선을 잡아둔 뒤 결국 이 축제의 장점을 어필했습니다. 마케팅 용어로 '후킹(낚시질)' 전략이라고 할 수 있습니다. 역발상으로 바닥에 낚시바늘을 흩어놓는 것이죠. 물고기가 걸리면 우리 홍보 내용을 강제로 전달할 수 있는 셈입니다. 같은 홍보라도 우리 채널은 다르다고 느끼게 해 오히려 시선을 잡아두는 것입니다.

1) 전형적인 것은 재미없다

인천광역시 교육감을 만난 적이 있습니다. 직접적으로 물어보시더군요. 많은 예산을 사용해 인천시 교육청 유튜브를 운영하는데 도무지 활성화되지 않는다는 것이었습니다. 어떻게 하면 활성화할 수 있는지 단도직입적으로 물으셨습니다. 저는 잠깐의 고민 끝에 이렇게 대답했습니다. "인천시 교육청 채널에서 교육을 빼보시죠."

　파격적인 주장인가요? 우리는 상당 부분 고정관념에 빠져 있습니다. 교육청 유튜브에서는 교육만 다뤄야 하나요? 글쎄요, 제 생각은 좀 다릅니다. 아무리 교육청이 교육을 주관하는 곳이더라도 충분히 다른 콘텐츠로 기관의 저변을 넓힐 수 있습니다. 교육 정책은 과연 매력적인 콘텐츠일까요? 아쉽지만 대부분의 사람은 그렇게 느끼지 않습니다. 그렇기에 교육에 집착하는 한 매력적인 콘텐츠가 나오기는 어렵습니다. 고정관

넘을 깨야 합니다.

교육청 유튜브는 단순히 교육 정책과 콘텐츠를 전달하는 것만이 의미가 있을까요? 저는 딱딱한 교육청 이미지를 탈피하고 학생과 학부모에게 친화적인 기관으로 비치게 만드는 것 또한 중요하다고 생각합니다. 시청자와는 콘텐츠로 소통하는 것이죠. 그 소통을 통해 친근한 이미지를 형성하고 브랜딩할 수 있습니다.

한번은 중앙도서관에서 문의가 온 적도 있습니다. "어떤 콘텐츠를 만들어야 중앙도서관 유튜브를 많은 사람이 볼까요?" 제 답변은 이랬습니다. "그냥 책을 한번 태워보시죠."

도서관에서 정말로 하면 안 되는 행동을 생각해봤습니다. 그랬더니 책을 훼손하는 장면이 떠오르더라고요. 당연히 진짜로 멀쩡한 책을 태우라는 게 아니었죠. 말하자면 역발상으로 도서관에서 가장 금기시되는 것까지 다룰 수 있어야 고정관념의 틀을 깰 수 있다고 생각했습니다. 역발상 또한 창의적인 콘텐츠를 만드는 또 하나의 길입니다.

'날먹' 할 수 있으면 가장 좋다

영상을 편집할 때 가장 중요한 능력은 무엇일까요? 편집 속도는 기본적인 요소죠. 긴 영상을 다루는 데에 있어 기본적으로 속도는 굉장히 중요합니다. 촬영분이 두 시간이 넘어가고 카메라가 세 대 이상이다? 그러면 벌써 혼란스러울 것입니다. 기본적으로 편집해야 할 양이 엄청나죠. 촬영 원본을 한 번 보는 데만도 꽤 오랜 시간이 걸립니다.

여러 가지 편집 기술의 숙련도도 중요할 것입니다. 여러 기능을 활용하면 영상을 더욱 풍성하게 만들 수 있습니다. 재미를 배가할 수 있죠. 하지만 편집 과정에서 가장 중요한 능력은 바로 언어력입니다. 좀 의외인가요?

편집은 기본적으로 영상을 짧게 만드는 과정입니다. 축약이 관건이죠. 유튜브에서 영상의 길이는 굉장히 중요하니까요. 짧게 축약하면서도 문맥이 자연스러워야 합니다. 이것이 편집의 기본입니다. 그래서 저는 그 어떤 능력보다 언어 능력이 가장 중요하다고 생각합니다.

예를 들어 제가 진행한 동아일보 인터뷰는 촬영 시간만 약 두 시간 가까이 소요되었습니다. 서브 카메라까지 동원해 찍었죠. 그런데 완성본은 몇 분이었을까요? 채 3분이 되지 않습니다. 120분짜리 영상이 3분이 되어버린 것이죠. 저는 이 정도로 짧게 축약해야 한다고 생각합니다. 거의 난도질에 가까운 편집이죠. 그럼에도 시청자들이 봤을 때 어색함이 없어야 합니다. 자연스러운 문맥이 형성되도록 해야 하죠.

1) 재미없는 1분보다 재미있는 10초가 낫다

저는 최대한 재미있는 장면 위주로 편집합니다. 스스로 재미가 없다면 과감하게 쳐내는 편입니다. 만약에 인터뷰 영상을 편집한다고 해볼까요? 저는 웃음소리가 나지 않는 곳은 모두 빼버립니다. 이것이 기본입니다. 인사말이나 정말 핵심적인 내용과 함께 재미있는 부분만 올리는 것이죠. 영상이 짧아져도 상관없습니다. 오히려 지루하지 않아 좋죠. 무조건 과감하게 들어내길 바랍니다.

저는 30초로 예정된 짧은 패러디인 경우에도 어색하거나 재미가 없는 부분은 마디 단위로 잘라냅니다. 모두 잘라내 영상 길이가 12초인 것도 있습니다. 그만큼 긴 분량보다 영상의 퀄리티가 훨씬 중요하다는 말입니다.

이렇게 짧은 영상을 업로드할 때 구독자들의 반응도 재미있습니다. '날먹(날로 먹기)' 한다고 놀리면서도 그 자체를 재미 요소로 받아들이는 것입니다. 제가 월급을 받고 일하는 공무원이라는 사실을 이미 알고 있기 때문에 영상 제작을 업무의 일환으로 생각하는 것이죠. 짧은 영상은 비교적 쉽고 빠르게 만들 수 있을 테니 제가 좋아했을 거라고 가정하고 장난을 치는 것입니다. 사실 알고 보면 영상이 3분이든 10초든 업무량은 변화가 없는 데다, 오히려 짧은 영상이 더 편집하기 힘든데 말이죠.

유튜브 수익에 큰 비중을 차지하는 광고 역시 결국 채널이 성장해야 들어옵니다. 일정 구독자 수와 조회 수가 확보되어야 제의가 들어오는 것이죠. 광고 단가도 그에 따라 올라갈 테고요. 결국 채널의 성장이 우선입니다. 따라서 영상 길이에 집착할 필요가 전혀 없습니다. 유튜브 초반에 수익화를 고려해서는 안 됩니다. 우선 채널을 충분히 성장시키고 난 뒤 고민해도 늦지 않습니다.

마.   패러디를 잘 활용하면
내 영상이 밈이 된다

제가 가장 잘하는 분야이기도 하죠. 밈과 패러디를 잘 사용해
야 합니다. 트렌디한 영상을 만들고자 할 때 핵심 중의 핵심이
라고 할 수 있습니다. 물론 제가 처음부터 밈과 패러디를 사용
한 것은 아닙니다.

처음 유튜브를 시작하고 대부분은 공무원 직렬 인터뷰와
자체 홍보 콘텐츠 위주였습니다. 그러다가 최초로 패러디를
시도한 영상이 유튜브를 시작하고 몇 개월이 지나서 만든 '조
커' 패러디였습니다. 당시 영화 〈조커〉가 워낙 핫했기 때문에
조커의 명장면인 계단 신을 패러디한 것입니다.

물론 ISTJ인 제게 쉬운 일은 아니었습니다. 분장부터 난관

이었습니다. 페이스 페인팅 전용 물감을 사고 동기에게 부탁해 메이크업을 완성했습니다. 그 얼굴을 하고 촬영 장소인 지현동까지 이동했죠. 계단에서 춤을 출 때는 정말 부끄러웠습니다. 행인이라도 보이면 얼른 뒤돌아 멈춰 있었습니다. 창피

□ 영화 〈조커〉를 패러디한 영상

함을 무릅쓰고 이렇게 진행한 영상은 성공적이었습니다. 이 른바 '병맛'의 향연이었죠. 병맛은 다들 아시다시피 '병신같은 맛'의 줄임말로 '맥락 없고 형편없으며 어이없음'을 뜻합니다.

1) 밈 속의 본질을 놓치지 말자

패러디 영상을 만들려면 무엇이 중요할까요? 가장 먼저 좋은 소스를 구해야 합니다. 음식의 기본이 좋은 재료인 것과 같은 맥락입니다. 무엇보다 재료가 신선해야 하는 것이죠. 패러디 소스도 마찬가지입니다. 요즘 유행하는 신선한 재료여야 합니다. 이 재료를 구하는 게 무엇보다 중요하기 때문에 가장 오랜 시간이 걸리는 일이기도 합니다.

자, 재료는 어디서 구할 수 있을까요? 바로 여러분이 즐겨 하는 인터넷 커뮤니티에 널려 있습니다. 야생의 커뮤니티에서 재료를 찾으려 노력해야 합니다. 모든 커뮤니티를 모니터링하 는 이유가 바로 여기에 있습니다.

좋은 재료를 구했으니 이제 음식을 만들어야겠죠? 맞습니 다. 좋은 연출이 필요합니다. 같은 재료로 만든다고 모두 같 은 맛이 나는 건 아니죠. 마찬가지로 같은 원본 영상을 패러디

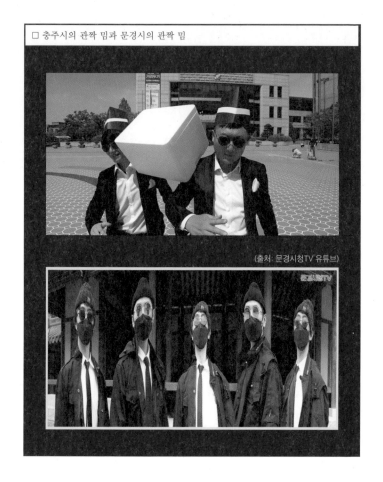

□ 충주시의 관짝 밈과 문경시의 관짝 밈

(출처: 문경시청TV 유튜브)

해도 각기 다른 영상이 됩니다. 이때 중요한 것은 원본 영상의
본질을 알아야 한다는 것입니다.

예를 들어 '관짝 밈'을 한번 살펴볼까요? 관짝 밈의 본질은
'뭔가 위험한 일을 하면 관짝으로 간다'입니다. 그러니까 위험

한 짓을 하면 안 된다는 의미인 것이죠. 놀랍게도 당시에 많은 지자체 유튜브에서 관짝 밈을 코로나19에 빗대어 패러디했습니다. 그런데 충주시 유튜브와 다른 지자체 유튜브에는 관짝 밈을 바라보는 근본적인 차이점이 있었습니다. 본질을 바라봤느냐 아니냐 하는 것입니다.

충주시와 문경시 유튜브는 모두 코로나19 관련으로 관짝 밈을 패러디했습니다. 언뜻 보면 비슷해 보이죠. 그런데 충주시 영상에는 코로나 시대에 '금지된 행동을 하면 관짝으로 간다'는 경고의 의미가 담겨 있습니다. 원본의 포인트를 잘 살린 것이죠. 반면 문경시의 접근 방법은 조금 달랐습니다. '코로나19를 관 속에 담아 보내버리자'는 의미의 캠페인을 만든 것입니다. 물론 이런 의미로 패러디를 할 수는 있습니다. 하지만 관짝 밈의 본질을 바라본다면 그 원본의 포인트를 제대로 살리는 게 좋습니다.

2) 나만의 포인트를 추가하는 것만으로 새로워진다

마지막으로 패러디에서 중요한 것은 단순하게 따라만 해서는 안 된다는 것입니다. 똑같이 복사해서 붙여 넣는 패러디는 의미가 퇴색할 수 있습니다. 패러디를 하더라도 우리가 추구하는 의미를 넣거나 아니면 원본과 다른 포인트를 넣어 재창작할 수 있습니다.

이렇게 재창작한 영상이 바로 '공무원 폭력성 실험 영상'입니다. 과거 게임의 폭력성에 대해 다룬 유명한 프로그램이었던 〈MBC 뉴스플러스〉 영상을 패러디했습니다. 당시 실험 영상은 갑자기 PC방의 전원을 내리고 게이머들의 반응을 몰래 살펴보는 것이었습니다. 당연히 사람들이 화를 냈겠죠. 저는 이 영상을 패러디하면서 공무원 버전으로 바꿨습니다.

여기서 중요한 것은 멘트입니다. 원본 영상의 멘트는 "이기고 있었는데 미치겠다"였습니다. 짙은 아쉬움이 묻어나는 대

□ 공무원의 폭력성을 실험한 영상

사였죠. 저는 그것을 "시민을 위해 일하고 있었는데 미치겠다"로 바꿔버렸습니다. 어떻게 보면 뻔뻔한 대사죠.

이 영상은 단순히 원본에서 파생된 패러디에 머물지 않고 새로운 밈을 만들었습니다. 아예 자체적인 밈을 만들어버린 것입니다. 이 영상의 대사였던 '시민을 위해 일하고 있었는데 미치겠다'라는 말이 유행하면서 인스타나 커뮤니티를 중심으로 화제가 되었고, 아이돌 엔믹스가 충주시를 패러디하기도 했습니다.

요약하자면 패러디는 좋은 원본 영상을 찾고 그 본질을 유지하면서 나만의 아이디어로 포인트를 주는 것입니다. 일종의 변주라고 할 수 있죠.

바. 게스트를 활용해 채널 체급 확 키우는 법

게스트 활용 전략은 이제 막 시작한 채널보다는 규모가 있는 채널이 할 수 있는 전략입니다. 특히나 인터뷰 콘텐츠에서 주로 활용되곤 합니다. 채널이 어느 정도 성장했을 때 게스트를 잘 활용하면 채널의 체급을 확 키울 수 있습니다. 어떻게 하면 채널의 체급을 키울 수 있을까요?

첫째는 먼저 섭외한 게스트를 통해 다음 섭외의 유리함을 가져가는 것입니다. 우선 가능한 한 가장 유명한 게스트를 섭외합니다. 유명 연예인, 스포츠 선수, 정치인 등이죠. 최초가 어려운 것이지, 일단 한 번이라도 유명하고 영향력 있는 사람이 게스트로 출연하면 다음 게스트 섭외가 쉬워집니다. 그러면서 체급이 점점 커지는 것이죠. 실제로 많은 채널에서 이런 방식을 사용합니다.

예를 들어볼까요? '피식대학', '침착맨', '꼰대희', '노빠꾸탁재훈', '삼프로TV' 등이 대표적입니다. 피식대학에 빈지노가 나왔다? 그럼 이후의 섭외는 전혀 걱정이 없어집니다. 빈지노도 부를 수 있는 채널로 인식되기 때문이죠. 게스트 입장에서도 출연을 결정하기가 보다 수월해집니다.

둘째는 채널에 권위를 줄 수 있는 게스트를 섭외하는 것입니다. 게스트의 출연이나 협업으로 채널의 신뢰도를 올릴 수 있습니다. 전문가의 출연을 통해 일종의 권위가 생기는 것이죠. 삼프로TV의 경우를 보면 원래 인기도 있었지만 여러 전문가 집단의 출연으로 채널의 신뢰도가 상승했습니다. 결국 당시 대선 후보까지 출연해 인터뷰를 진행했죠. 이로 인해 압도적인 권위를 부여받게 됩니다.

셋째는 구독자 흡수하기입니다. 유튜버 '승우아빠'가 언급했듯이 구독자를 늘리는 가장 좋은 방법은 다른 채널의 구독자를 빨아오는(?) 것입니다. '합방' 등의 협업을 통해 해당 유튜버와의 관계를 형성하고 그 구독자층을 가져올 수 있는 것이죠. 실제로 '침착맨'과 '배도라지' 멤버들의 관계를 보면, 이런 대형 유튜버들끼리 협업함으로써 콘텐츠 측면이나 구독자

측면에서 서로 윈윈하고 있다는 것을 알 수 있습니다.

'빠니보틀'과 '곽튜브'의 경우도 예로 들 수 있습니다. 물론 두 사람이 전략적으로 이득을 취하기 위해 협업을 진행하거나 관계를 맺은 것은 아니지만, 결과적으로 각자의 채널에 굉장한 도움이 되었고 윈윈의 단계에 와 있다고 할 수 있습니다. 그래서 가능한 한 대형 유튜버와의 협업과 관계 형성이 중요하다고 할 수 있습니다.

1) 일단 물꼬를 트면 그다음이 따라온다

충주시 유튜브의 경우는 이 정도의 대형 채널은 아닙니다. 또한 저 역시도 그리 적극적인 사람이 아니죠. 하지만 제게도 비슷한 경험이 있습니다. 원희룡 제주도지사 인터뷰가 그랬습니다. 이전까지는 충주시 내부에 국한된 콘텐츠를 주로 만들어 왔었습니다. 그리고 팬덤은 형성되어 있지만 그렇게 강하진 않았었죠.

제주도청 대변인실에서 요청이 왔습니다. 인터뷰를 한번 해보자고요. 그래서 저는 망설임 없이 진행했습니다. 당시엔 원희룡 지사가 무소속이었기 때문에 리스크도 적었죠. 꽤 이름

있는 유명한 정치인이었습니다.

이 인터뷰를 통해 충주시 유튜브 역시 체급을 올리게 되었습니다. 이후 장관, 차관, 나아가 반기문 사무총장까지 다양한 유명 인사들의 인터뷰를 성사시키는 데에 도움이 되었습니다.

이런 게스트의 힘 덕분에 제 꿈이었던 전한길 선생님과의 인터뷰도 진행할 수 있었습니다.

2) 나를 모르는 곳에는 직접 찾아가라

충주시 유튜브에 유명 게스트가 출연하는 방식의 협업뿐만 아니라, 반대로 제가 다른 대형 유튜브 채널에 출연하는 방식의 협업 또한 체급을 키우는 데에 도움이 됩니다. 메인 출연자가 저 하나뿐인 충주시 유튜브의 특성상 제 인지도가 곧 채널의 인지도로 연결되는 경향이 강합니다. 즉, 제가 대형 채널에 출연하며 인지도를 높이는 것 자체가 충주시 채널의 홍보가 되는 셈입니다.

충주시 유튜브보다 더 많은 구독자를 가지고 더 인지도가 높은 대형 채널에는 저를 모르는 시청자가 있을 것입니다. 그런 대형 유튜브 채널에 출연함으로써 그 시청자들이 나를 알게 되는 것이죠. 물론 그 채널 측에도 제 콘텐츠를 제공하면서 윈윈이 되도록 해야 하죠.

최근에는 저도 '침착맨', '슈카월드', '피식대학', '빠니보틀', '피지컬갤러리', '자이언트 펭TV' 등 대형 유튜브에 출연하며 협업했습니다. 저를 아는 구독자들은 새로운 채널에서 저를 보니 반가워하고, 저를 모르는 구독자들은 그 채널에서 저를 보고 재밌었다면 충주시 유튜브에도 관심을 갖게 될 것입니다.

서로 긍정적인 협업과 관계를 맺고 이를 적극 사용하는 것은 채널 성장에 확실한 도움이 됩니다. 충주시 채널이라는 한계와 저의 소극적인 성격 때문에 이런 협업과 관계를 활용하는 것에 그동안 적극적이지 못했습니다만, 앞으로는 다른 유튜버들과의 협업에 적극적으로 임할 계획입니다.

사.   항상 선 위에 서 있음을 잊지 말라

밈이나 사회현상을 패러디할 때 항상 중요한 것이 있습니다. 바로 선을 지켜야 한다는 것입니다. 유감스럽지만 요즘 커뮤니티나 여론은 그리 호락호락하지 않습니다. 어떤 건수를 잡히면 물어뜯기는 것은 시간 문제입니다. 특히나 재미를 위해 무리하다 보면 역풍이 불기도 합니다. 그러지 않기 위해서는 검수 과정이 필수입니다. 물론 아주 초창기 때는 공격적으로 운영하는 게 전략적으로 맞을 수 있습니다. 하지만 구독자가 늘어나는 만큼 리스크도 제곱으로 늘어납니다. 점점 더 조심해야 하고, 또 조심해야 합니다.

    대형 유튜버들 중에 흔히 '초심을 잃었다'라는 말을 듣는 경우가 많습니다. 하지만 제 생각에는 초심을 잃어서 그런 게 아니라 어쩔 수 없는 것으로 보입니다. 몇 명 보지 않는 채널일 때는 어떤 콘텐츠를 만들어도 큰 문제가 없습니다. 그런데 채널이 커진다면 어떨까요? 구독자가 늘어나고 여러 커뮤니티에 이슈가 된다면 어떨까요?

구독자가 두 배 늘면 리스크는 두 배가 아니라 네 배 증가합니다. 제곱에 비례하는 것이죠. 리스크가 훨씬 커지기 때문에 이전의 소수와 교감했던 콘텐츠는 문제가 생길 수 있습니다. 다수의 여론을 고려해야 하다 보니 훨씬 보수적으로 변하게 되는 것입니다. 유튜브를 4년 이상 운영하면서 수많은 채널의 흥망성쇠를 보았습니다. 그런데 가장 허무한 경우가 바로 그런 '추락'의 순간이었습니다. 오랫동안 유지하는 채널은 독보적인 콘텐츠가 있을 뿐 아니라 이런 추락 감지 능력이 뛰어나다는 것을 깨달았습니다.

1) 문제는 생각지도 못한 곳에서 터진다

저 역시 그런 문제들로부터 자유롭지 못했습니다. 제가 저를 과대평가하는 것일 수도 있지만 어쩌면 유튜버 중 가장 큰 리스크를 안고 있는 사람이 저라고 생각합니다. 바로 공무원이기 때문이죠.

공무원에 대한 일반인의 시선은 그리 곱지 않습니다. '세금 먹는 도둑'의 이미지가 강하죠. 더군다나 저는 세상에서 가장 딱딱한 조직에 소속되어 있습니다. 바로 지자체죠. 그런 제가 내외부의 반대에도 불구하고 새로운 방식의 콘텐츠를 만든다고 했을 때 이미 여러 가지 문제들이 예견되어 있었던 것인지도 모릅니다.

처음에는 좋은 기획이라고 생각했습니다. 엄청난 성공을 가져온 영상이었죠. 충주사과를 홍보하기 위한 좋은 기획이었으니까요. 앞서도 이미 설명했듯이 충주사과, 청송사과, 영주사과를 놓고 블라인드 테스트를 진행해 맛을 보고 충주사과를 찾아내는 콘텐츠였습니다. 맞힐 수 있을까요? 당연히 불가능하죠. 게다가 모두 다 충주사과였습니다. 사실 영상을 모두 시청한다면 제가 바보가 되는 영상이고 오히려 충주사과를 디스하는 영상이었습니다.

그런데 몇 달 후에 문제가 터졌습니다. 제가 KBS 〈오늘밤 김제동〉이라는 프로그램에 출연해 화제가 되었는데, 다음 날 갑자기 한 농민이 전화를 해서는 영주사과를 비하한 영상을 보고 기분이 나빴다는 의견을 전하셨습니다. 전체 영상을 보면 충주사과 이야기이지만 일부만 본다면 해당 농민들이 충분히 기분 나쁠 수 있는 내용이었던 것입니다.

저는 상황을 차분히 설명드렸습니다. 영주사과 또한 전국에서 제일 유명한 3대 사과라고 언급했고, 결국은 충주사과를 디스하는 영상이었다. 신중하게 영상을 제작하지 못해 죄송하다고 말씀드렸습니다. 농민께서는 처음에는 화를 내셨지만 설명을 듣고는 이해한다며 전화를 끊으셨습니다.

다행이라고 생각하고 있는데 또 다른 문제가 발생했습니다. 문제를 제기했던 농민께서 농민 조직인 작목반에 이를 전달했는데, 이번엔 작목반 측에서 다시 문제를 제기했습니다. 저는 최대한 해명하려 노력했지만 이번엔 뜻대로 되지 않았습니다. 결국 문제가 커졌고 작목반에서는 영주시와 충주시에 공식적으로 항의하기에 이르렀습니다.

이 문제의 해결 방법을 두고 과장님과 의견 충돌이 있기도 했습니다. 먼저 신속한 사태 해결을 원한 과장님께서는 즉시 영상을 삭제하고 사과문을 올리자고 하셨습니다. 하지만 저는 영상을 삭제하기가 너무 힘들었습니다. 유튜버에게 영상을 삭제한다는 것은 단순한 의미 이상이기 때문입니다. 누군가에게는 단순한 하나의 영상일 수 있지만 제작자 입장에선 하나하나가 그저 소중한 영상입니다. 더군다나 충주시 유튜브를 존재하게 해준 성공적인 영상을 삭제한다는 것은 참으로 슬픈 일이었습니다.

게다가 이번 항의로 영상을 삭제하면 다음부터는 어떻게 될까에 대한 고민도 있었습니다. 모든 영상에는 호불호가 따릅니다. 아무리 공익적이거나 감동적이거나 재미있는 영상도 싫어하는 사람이 있을 수 있죠. 그런데 그런 의견이 나올 때마다 영상을 삭제해야 한다면 모든 영상을 다 지워야 할 수도 있는 노릇이었습니다. 솔직히 자신이 없었습니다. 사과문도 올릴 수 있고 사과 영상도 올릴 수 있지만 영상 삭제는 신중해야 한다는 생각이었습니다.

그 과정에서 몹시 혼이 났던 기억이 납니다. 과장님 또한 제게 굉장히 실망하셨습니다. 돌이켜보면 과장님의 마음이 이해되지 않는 것은 아닙니다. 좌우지간 사고는 터졌고 민원이 지속적으로 제기되고 있으니 책임자로서 마무리를 짓고 싶으셨던 것이죠.

결국 공식 영상으로 사과문을 올리고 원본 영상은 삭제했습니다. 그때의 심정은 지금도 잊을 수 없습니다. 제가 잘못이 없다는 것은 아닙니다만 영상 삭제까지 하는 상황에 이른 것에 대해 정말 가슴이 아팠습니다.

그런데 사태는 그렇게 끝나지 않았습니다. 농민들이 '왜 검

은색 배경으로 사과문을 썼냐?', '글씨가 작아 보이지 않는다' 등 여러 가지 문제를 추가로 제기했습니다.

그로부터 일주일이 지나고 이번엔 농민들이 버스를 타고 충주시청으로 시위를 하러 왔습니다. 그때의 제 심정은 정말 이루 말할 수 없을 정도로 처참했습니다. 최종적으로는 시장님이 직접 사과까지 함으로써 사태가 종결되었습니다. 심각할 정도의 큰일이 난 것이죠.

저 역시 크게 혼날 것을 예상하고 있었습니다만 놀랍게도 시장님께선 아무런 말씀도 하지 않았습니다. 후에 인터뷰를 통해 알게 되었는데, 그때 시장님이 화가 많이 났는데 참은 거라고 하셨습니다. 혼을 내면 위축될 수 있으니 그렇게 하지 않은 거라고 하시더군요. 이 글을 통해 시장님께 진심으로 죄송하고 감사하다는 말씀을 전합니다.

2) 누군가가 피해를 입는다면 유머가 아니다

이 일이 있고 나서 많은 생각을 하게 되었습니다. 일단은 과연 어느 정도 수위로 영상을 만들어야 하는가가 가장 큰 고민이었습니다. 충주사과 영상을 만들 당시만 해도 저는 그 정도는 용인될 수 있다고 판단했던 것이죠. 제 판단에 문제가 있었던 것입니다. 하지만 더 큰 고민은 '이런 사고가 터졌을 때 어떻게, 어느 수준까지 대응해야 하는가?'였습니다.

제가 내린 결론은 이렇습니다. 여전히 저는 조회 수와 사람들의 관심이 최우선이지만 동시에 사람들을 불편하게 만들어서는 안 된다고 생각합니다. 어쨌든 제 신분은 공무원이고 공익을 위해 일하는 게 저의 본분이기 때문입니다. 결국 농민들의 생업이 달린 일이니만큼 더 신중했어야 했죠. 또한 아무리 좋은 의도로 시작했다 하더라도 보는 사람에 따라 다르게 해석할 수 있고, 또 충분히 다르게 받아들일 수 있습니다.

비단 공무원이 아니더라도 유튜버는 항상 주의를 기울여야 할 필요가 있습니다. 여러분의 영상이 언젠가 수천 명, 수만 명, 나아가 수십만 명에게 영향을 미칠 수 있기 때문입니다. 유튜브 영상은 계속해서 남아 있을 수밖에 없고, 시대에 따라 그 영상에 대한 평가와 반응도 달라질 수 있다는 점을 깨달았습니다. 그때는 맞지만, 지금은 틀린 경우도 많지요. 따라서 최대한 보수적으로 운영하는 게 좋습니다. 특히나 채널이 성장할수록 말이죠.

영상에 대한 평가는 창작자의 의도와는 상관없습니다. 평가는 창작자가 하는 게 아니라 시청자가 하는 것이기 때문입니다. 100퍼센트를 만족시키는 콘텐츠는 없다고 말씀드렸지만 그렇다고 해서 다수의 시청자를 불편하게 해서도 안 되는 것 이죠.

아. 유튜버가 무리수를 두는 이유

유튜버가 선을 넘는 문제가 생기는 가장 큰 이유는 무리수입니다. 사실 정기적으로 꾸준히 재미있는 콘텐츠를 만들어야 하는 크리에이터 입장에서는 콘텐츠를 제작하는 매 단계마다 숱한 무리수의 유혹에 시달립니다.

첫째는 기획에서 무리수를 두는 경우입니다. 영상을 만들 때 가장 중요한 것은 기획이죠. 그래서 재미있는 기획을 하기 위해 또는 남들의 시선을 끄는 기획을 하기 위해 무리수를 두는 경우가 있습니다. 앞서 말씀드린 '충주사과를 찾아라' 영상이 대표적이라 할 수 있습니다.

둘째는 연출에서 무리수를 두는 경우입니다. 유튜브를 제작하다 보면 여러 가지 변수에 노출됩니다. 일단 기획 자체가 재미없는 경우도 있고, 현장의 변수 때문에 원하는 그림이 나오지 않는 경우도 많습니다. 예상보다 현장 상황이 재미없을 수도 있고, 출연자의 텐션이 너무 낮거나 비협조적인 경우도 있습니다. 이럴 때 촬영을 총괄하는 입장에서는 굉장히 당황스럽죠. 본인이 직접 기획했기 때문에 진행하면서 더더욱 위기감을 느낍니다. '아, 이거 망했다!' 하는 느낌을 받는 것이죠.

이번 촬영으로 영상을 뽑아내야 하는데 마음대로 되지 않는다면 어떤 선택을 할까요? 네, 본능적으로 무리수를 두게 됩니다. 영상을 살려야 하는 부담을 갖게 되기 때문입니다. 그렇게 되면 격한 표현을 사용하거나 억지 텐션을 올리게 됩니다. 그리고 이런 상황은 곧바로 말실수로 이어집니다.

셋째는 편집 단계에서 무리수를 두는 경우입니다. 표현에서 실수를 했더라도 우리에게는 바로잡을 기회가 한 번 더 남아 있습니다. 바로 편집 과정이죠. 편집은 영상을 더 풍성하고 재미있게 만들어줄 뿐 아니라 리스크를 걸러내는 역할도 합니다. 기획 다음으로 편집이 가장 중요한 이유입니다.

자, 불안한 마음으로 촬영한 영상을 재생해봅니다. 그런데 이걸 어쩌죠? 역시나 너무 재미가 없습니다. 그렇더라도 어쨌든 약속한 시간에 영상을 업로드해야 합니다. 이럴 때 편집자는 어떤 선택을 할까요? 평소라면 당연히 걸러야 하는 멘트나 드립도 걸러내지 못하는 상황이 벌어집니다. 편집에서도 무리 수를 두게 되는 것이죠.

영상 사고도 최근 불거진 건설 현장의 사고와 매우 비슷합 니다. 기획은 바로 설계 도면과 같은 역할입니다. 무리한 기획 은 사고의 확률을 높일 수밖에 없습니다. 그리고 그 기획을 실 현하는 단계가 연출이죠. 연출은 곧 시공과 같습니다. 설계대 로 돌아가지 않는 무리한 표현은 곧 부실 공사와 같습니다. 설 계보다 더 공격적으로 시공을 하는 것이죠.

마지막으로 편집은 그 시공에서의 일탈을 막아주는 감리라 고 할 수 있습니다. 그런데 생각해보셨나요? 저를 포함한 일 반적인 유튜버들은 기획, 연출, 편집을 모두 한 사람이 다 합 니다. 1인 크리에이터죠. 그래서 누군가의 의견을 들을 기회가 없습니다. 그렇기에 더욱 신중하게 제작해야 합니다.

1) 위험 요소를 피하는 방법

우리 사회와 마찬가지로 유튜브나 커뮤니티 등 인터넷 여론 도 굉장히 분화되고 있습니다. 나의 성향과 취향이 더욱 강화

되는 것이죠. 처음 들어보는 100만 유튜버가 많은 이유도 이와 같습니다. 요즘은 주류의 여론보다 각각의 여론이 더 활성화되어 있습니다. 유행하는 단어를 하나 사용하더라도 주의를 기울여야 하는 이유입니다.

분명히 모든 커뮤니티에서 사용하는 유행어인데 사실은 그유래가 혐오를 담고 있는 경우도 있습니다. 가장 어려운 것은 때에 따라 그 기준이나 해석이 달라지기도 하는 상황입니다. 실제로 제 영상에서도 특정 단어나 밈을 사용했다가 영상이 삭제되는 경우가 있었습니다.

이것을 예방하기 위해 저는 최대한 다양한 커뮤니티를 모니터링하려 노력합니다. 어떤 유행어나 밈이 있으면 그것이 실제로 어떻게 활용되고 있는지 살펴보는 것이죠. 어떤 커뮤니티에선 좋아하는 유행어나 밈이라 하더라도 다른 커뮤니티에선 또 다른 이유로 싫어할 수 있습니다.

자, 대부분의 커뮤니티에서 공감하고 좋아하는 유행어나 밈을 찾으셨나요? 그럼 한 단계가 더 남았습니다. 바로 유래를 검색해봐야 합니다. 지금 아무리 재미있게 사용하고 있더라도 그 유행어나 밈이 혐오를 의미하거나 차별을 조장하거나 감수성이 없다면 추후 언제든지 문제가 발생할 수 있습니다.

사회적인 이슈를 다룰 때도 주의해야 합니다. 특히 정치적인 것이나 첨예하게 이익이 걸려 있는 사안이라면 웬만하면 피하는 게 좋습니다. 〈SNL 코리아〉 정도에서 정치 풍자를 개 그 소재로 사용하고 있긴 하지만 공중파에선 사실 거의 사용 하고 있지 않습니다. 그만큼 정치적인 소재가 굉장히 위험하 다는 것이겠죠.

만약 그런 주제를 다룬다면 가능한 한 중립적인 입장에서 또는 우회적으로 다뤄야 합니다. 직접적으로 언급하거나 지지 하는 것 또한 문제의 소지가 생길 수 있기 때문입니다. 패러디 를 하더라도 그 내용이 희화화에 이르지 않도록 노력해야 합 니다. 근본적으로 창의성을 잃지 않는 정도에서 늘 선을 지킬 수 있도록 노력해야 하는 것이죠. 저 또한 많은 제약을 두고 있습니다. 이 제약은 누가 시켜서 만든 게 아니라 저 스스로 결정한 것입니다. 스스로를 지키십시오.

자. 가장 중요한 것은 멘탈을 지키는 일

모두가 좋아하는 홍보물은 존재하지 않듯이 모두가 좋아하는 영상도 없습니다. 심지어 공익광고 영상에도 '싫어요'가 존재합니다. 세상의 어떤 콘텐츠에도 '싫어요'가 달릴 수 있습니다.

조직 안에서도 마찬가지죠. 모두가 나를 좋아할 수는 없습니다. 사실 다수의 사람이 싫어할 수도 있습니다. 저도 스트레스를 많이 받았습니다. 아무리 익숙해지려 해도 비판 댓글은 가슴을 조여옵니다. 특히나 사고가 발생하면 이런 스트레스가 극심해집니다. 잠도 제대로 못 잘 정도죠. 모두가 나를 손가락질하는 기분이 들고, 모두가 나를 비웃는 것 같습니다. '내가 뭘 하고 있는 거지? 이렇게까지 해야 하나?' 스스로에게 많은 질문을 하게 됩니다.

충주사과 영상 때문에 시청으로 시위대가 왔을 때의 일입니다. 농민들이 피켓을 들고 주차장 앞에 모이셨죠. 서른 분 정도 되는 것 같았습니다. 고함치는 것을 보면서 애써 외면하려 돌아섰지만 소리까지 막을 수는 없었죠.

사태 수습을 위해 저보다 동료 공무원들이 많이 고생했습니다. 다른 과 직원들도 청사 방호를 위해 지원을 와주었고, 우리 과 직원들은 모두 동원되어 사태를 수습했습니다. 특히 과장님과 당시 농정국장님은 저를 대신해 농민들을 만나 설득하는 일을 마다하지 않았습니다.

마지막으로 제 사과만 남았죠. 사과하러 가는 길이 굉장히 길게 느껴졌습니다. 이어 모든 것에 죄송할 따름이었습니다. 농민들께 고개 숙여 사과를 드렸습니다. 내가 잘못한 점은 겸허히 인정하고 반성하면 됩니다. 진심으로 사과하면 됩니다. 그리고 이런 일이 다시 벌어지지 않도록 노력하면 됩니다.

1) 실수와 나의 가치를 구분하라

중요한 것은 제가 벌인 실수는 실수이고, 그것으로 나의 홍보 방식 전체가 틀렸다고 좌절하지 않는 것이었습니다. 확신이 있었으니까요. 2022 '롤드컵(리그 오브 레전드 월드 챔피언십)'에서 우승한 데프트 선수가 인터뷰에서 이런 말을 했죠. "중요한 것은 꺾이지 않는 마음"이라고요. 저 역시 꺾이지 않는 마음으로 다시 딛고 일어설 수 있었습니다.

큰 목표를 위해서라면 때론 감내해야 하는 것들이 있습니다. 물론 정당한 비판이나 의견은 겸허히 수용해야 합니다. 하지만 유튜브에는 날것의 댓글이 많습니다. 유튜브의 특성상 익명성이 강하고 의견 표명이 쉽기 때문에 치명타를 입을 정도의 공격적인 댓글이 달리기도 하죠. 특히 지나친 비방이나 악플의 경우에는 최대한 신경 쓰지 않도록 노력해야 합니다. 다행스럽게도 유튜브에는 자체 필터링 기능이 있습니다. 욕설이나 모욕에 해당하는 댓글들은 자동 삭제됩니다.

유튜브를 시작한 후로 습관이 생겼습니다. 항상 모니터링을 하는 것이죠. 충주시 유튜브 채널에만 머무르지 않고 모든 커뮤니티를 모니터링합니다. 특히 업로드한 뒤에는 더 많이 살펴봐야 합니다. 어떤 의견이 있는지, 욕을 하지는 않는지 매번 모니터링합니다.

때론 스트레스를 받기도 하고 집착하는 것처럼 보이기도 합니다만, 공격적인 댓글 역시 사람들이 관심을 가져주고 또 좋아해주는 것에 대한 반대급부라고 생각합니다. 아무도 안 보는 영상에 머물러 있다면 비방의 댓글이나 욕도 없겠죠. 그런 영상은 더 의미가 없다고 생각합니다.

2) 유명세를 각오할 필요가 있다

악플을 두둔하고 싶지는 않습니다. 개인적으로 저는 살면서 어떤 악플도 써본 적이 없습니다. 아마 대부분의 사람이 그럴 거라고 생각합니다. 실제로 직접 악플을 다는 사람들은 지극히 일부에 해당하죠.

그런데 우리 사회에서 SNS, 커뮤니티 등 인터넷 여론이 워낙 중요해지다 보니 그런 소수의 의견이 마치 전체를 대변하는 양 비춰지기도 합니다. 이런 현상은 조금 우려되는 상황이긴 합니다. 인터넷 여론의 단기 파급력은 잘 아시다시피 굉장히 큽니다. 그러나 이런 파급력은 의외로 지속적이지 않습니다. 하루 이틀이면 다른 이슈에 묻혀버리고 말죠.

생각지 못한 어려움도 있습니다. 구독자 수가 10만 명이 되면 길거리에서 사람들이 알아보기 시작한다고 합니다. 충주시 유튜브의 경우에는 40만 명이 넘는 구독자를 모았지만 사실 조회 수 추이를 보면 80만 구독자 페이스입니다. 지자체 유튜브의 특성상 구독은 하지 않고 시청만 하는 층이 있는 것이죠. 게다가 언론 노출 또한 잦은 편입니다.

언젠가 테이블이 다섯 개 정도 되는 작은 선술집에서 회식을 한 적이 있습니다. 직장인이라면 공감하겠지만 그때 직장 욕을 좀 했습니다. 시원하게 욕을 하고 나니 마음이 풀리더군요. 이야기가 끝나고 자리에서 일어나는데 나머지 두 개 테이블에서 사진 요청을 하는 것이었습니다. 순간, 뜨끔했죠. 특히 충주에서는 그만큼 많은 분들이 알아봐주십니다. 정말 감사한 일이죠. 그분들이 좋아해주었기에 충주시 유튜브가 성장했고 또 충주를 알릴 수 있었으니까요.

그런데 과연 그것이 즐겁기만 한 일일까요? 제가 만약 관심을 즐기는 스타일이라면 조금 나을 수도 있을 것입니다. 아쉽게도 제 MBTI는 극단적인 ISTJ입니다. 믿지 않는 사람이 많은데 사실 사람을 별로 좋아하지 않습니다. 모르는 사람일 경우에는 더 많이 힘들어 합니다. 유튜브에서의 저는 '관종'처럼 보이지만 사실은 다릅니다. 개인적으로 조용히 있는 것을 선호합니다.

많은 사람에게 얼굴이 알려져 있다는 것은 우리가 생각하는 것보다 훨씬 불편할 수 있습니다. 더욱이 저는 공무원의 신

□ 여러 언론 노출

(출처: SBS 뉴스 캡처)

'누가 만든 거야?' 충주시 SNS 담당자를 만나보았다

작성 2019.06.22 07:56   수정 2019.06.22 15:49   조회 1,334   프린트 🖨

(출처: KBS 뉴스 캡처)

'구독자 20만' 충주시 유튜브…"흥행 비결은 B급"

입력 2021.12.16 (21:51)   수정 2021.12.16 (21:58)   🔊

분입니다. 행동 하나하나 모두 조심해야 합니다. 여러분께서도 유튜브를 통해 얼굴이 알려진다면 종종 당황스러운 상황이 생길 수 있습니다. 혹시나 이런 부분을 전혀 예상하지 못했다면 반드시 각오가 필요하다는 점을 미리 알려드리고 싶습니다.

4. 〉〉〉〉〉

제 목
공식 유튜브를 담담하게 된 실무자들에게

- 다 음 -

가.
눈에 보이지 않기에
인정받기 어렵습니다

충주시 유튜브는 결국 성공을 거두었습니다. 2020년 9월 28일에 14만 7,000명을 기록하며 기존에 가장 많은 구독자를 보유하고 있던 서울특별시 유튜브(13만 8,000명)를 뛰어넘었습니다. 그뿐만 아니라 전국 기초지자체와 광역지자체 중 구독자 수 1위를 달성했습니다. 2019년 4월 개설 이후 불과 1년 반 만에 이뤄낸 성과였습니다.

　충주시 유튜브의 또 다른 놀라운 점은 이 모든 성과가 연간 61만 원으로 얻은 결과라는 것입니다. 그 당시 서울시 유튜브의 1년 예산은 용역비만 6억 원이 넘었습니다. 충주시의 1,000년 치 예산이죠. 엄청난 가성비로 1위를 차지한 것입니다. 2023년 8월 구독자 수는 40만 명을 넘어섰습니다. 충주시민보다 더 많은 구독자 수죠.

충주시 유튜브는 많은 언론의 관심을 받습니다. KBS, MBC, 조선일보, 중앙일보 등 여러 방송에서 충주시 유튜브를 지자체 유튜브의 성공 사례로 다뤘습니다. 또한 〈유 퀴즈 온 더 블럭〉이나 〈이상한 나라의 지옥법정〉, 〈SNL 코리아〉 등 많은 방송 프로그램에도 출연하게 되었죠. 이런 것들이 충주시를 간접적으로 홍보하는 데에 더 큰 도움을 주었다고 생각합니다.

또한 많은 기관과 협업을 이뤄냈습니다. 행정안전부, 인사혁신처, 법무부, 국토교통부, 보건복지부 등과 함께했죠. 이 중 다수의 기관에서는 장관, 차관이 직접 출연했습니다. 이후에도 많은 기관에서 협업 요청이 오고 있습니다. 정부 기관 중 가장 성공적인 홍보 사례가 된 것입니다. 그뿐만 아니라 많은 기관이 충주시 유튜브를 벤치마킹하고 있습니다. 한국관광공사, 고양시 등이 대표적이죠.

그리고 많은 기관에 충주시 우수 사례를 강의하고 있습니다. 외교부, 국회사무처 등 중앙부처뿐만 아니라 다수의 지자체와 공공기관에 노하우를 전달하고 있습니다. 이런 영향력은 민간에도 널리 퍼졌습니다. GS나 네이버 라인, LG, 국민은행 등 국내 유수의 대기업에서도 관심을 보이고 있습니다.

1) 무형의 효과를 어떻게 측정할 수 있을까

그런데 이런 의문이 들 수도 있습니다. 조회 수와 구독자 수는 기하급수적으로 늘었는데 그래서 과연 직접적으로 어떤 효과를 거두었냐는 것이죠. 이것은 홍보 담당자에게는 굉장히 아픈 질문입니다. 홍보의 구체적인 효과를 증명하기란 사실 어렵습니다. 고구마 축제 홍보가 잘되어 방문객이 두 배 증가한 적이 있습니다. 면 단위의 지역 축제였기 때문에 시장님을 비롯한 모두가 홍보가 잘되어 방문객이 늘었다고 생각했습니다.

그런데 이것을 제가 실질적으로 홍보 덕분이라고 주장할 수 있을까요? 저도 물론 홍보가 잘되었다고 생각하지만 그것을 증명하는 데는 한계가 있습니다. 홍보 말고도 다른 원인이 있을 수 있기 때문입니다. 날씨가 좋아서일 수도 있고 축제 기간이 늘어나서 그럴 수도 있죠.

문제는 충주시 유튜브의 홍보 방식은 주로 간접 홍보라는 것입니다. 충주의 특정 행사나 축제를 직접적으로 알리기도 하지만 근본적으로는 충주시의 브랜딩에 더 초점이 맞춰져 있습니다.

실제 충주시의 구독자는 대부분이 충주시가 아닌 다른 지역 분들입니다. 충주시 유튜브 조회 수에서 관내 비율은 약

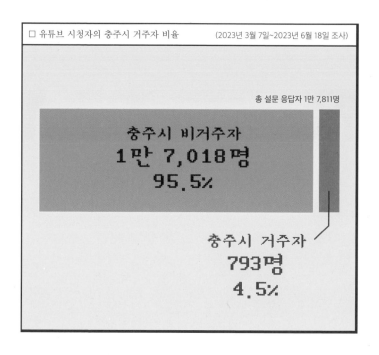

총 설문 응답자 1만 7,811명

충주시 비거주자
1만 7,018명
95.5%

충주시 거주자
793명
4.5%

4.5퍼센트에 불과합니다. 나머지 95.5퍼센트의 조회 수는 관외에서 발생하고 있는 셈이죠. 그만큼 충주시 유튜브의 핵심 가치는 대외 홍보입니다. 바로 브랜딩이죠.

저는 충주시를 알리면 충분하다고 생각합니다. 충주를 알리는 일이 곧 장기적으로 충주시의 관광이나 특산물 판매, 인구 유치나 기업 유치에도 도움을 주리라 기대하고 있습니다. 이같은 충주시 유튜브의 대외적인 브랜딩 효과는 이미 국내외 여러 학계에서 연구 논문을 발표하고 있습니다.

□ 충주시 유튜브 관련 연구 논문　　　(출처: 한국학술지인용색인KCI 홈페이지 캡처)

2) 공공기관 유튜브계의 패러다임을 바꾸다

사실 중앙부처와 지자체, 공공기관은 아직도 전통적인 방식의 홍보를 고수하고 있습니다. 지자체의 경우 예산의 90퍼센트 이상을 전통적인 방식에 사용하고 있습니다. 충주시의 예를 들어볼까요? 충주시 홍보 예산의 대부분은 광고료입니다. 지면광고, 방송광고, 옥외광고 등이 그것이죠. 또한 다른 모든 지자체가 그렇듯 시정 소식지를 활용하고 있습니다. 이 중 뉴미디어 예산은 크지 않습니다.

하지만 요즘에는 공공기관에서도 홍보를 할 때 뉴미디어 채널까지 범위를 넓히고 있습니다. 뉴미디어라는 홍보 채널의 변화뿐 아니라 내용적인 부분에서도 많은 변화가 일어났습니다. 충주시 유튜브가 생기기 이전에는 국가기관 유튜브에서 정책 홍보와 관련 없는 영상은 아예 업로드할 수 없었습니다. 딱딱한 정보 전달 영상이나 캠페인 영상, 스폿 영상만 가능했었죠.

지금은 어떨까요? 아직도 보수적인 콘텐츠가 주류지만 많은 기관에서 새로운 시도가 일어나고 있습니다. 충주시 유튜브의 성공이 좁게는 중앙부처나 지자체, 넓게는 공공 영역 전반의 홍보 방식에 영향을 미친 셈입니다. 실제로 정부나 지자체 혹은 공공기관의 홍보 채널이 변화하고 있습니다. 전통적인 홍보에서 뉴미디어로 다변화되고 있는 것입니다. 나아가 사기업의 영역까지 새로운 변화의 바람을 가져왔습니다.

실제로 영상 제작 업체나 광고 업계에 종사하는 분들을 만나보면 지자체 홍보의 패러다임이 바뀌었다고 말합니다. 실제로 '충주시처럼 만들어달라'는 요청이 폭주하고 있다고 합니다. 기존의 딱딱한 채널 운영 방식에서 벗어나 새로운 시도를 하고 싶어 하는 것이죠.

　물론 충주시와 다르게 해야 성공할 수 있습니다. 그렇지만 가장 중요한 것은 어쨌든 새로운 시도를 추진하고 있다는 점입니다. 충주시는 기존의 틀을 깼습니다. 새롭게 도전했죠. 여러분도 틀을 깨고 새롭게 도전하길 바랍니다.

나. 어떤 일은 널리 알리는 게 전부입니다

어떤 일을 진행할 때 사람들에게 알린다는 것은 한편으로 그 일의 전부일 수도 있습니다. 알리는 게 그만큼 큰 역할을 하기 때문입니다. 예를 들어볼까요? 어떤 제도가 바뀌었습니다. 여기서 가장 중요한 것은 뭘까요? 이를 널리 알리는 게 전부입니다. 가장 보수적인 행정 조직에서조차 홍보의 중요성이 이 정도로 큽니다.

물론 실속 없이 경쟁적으로 홍보에만 치중해서는 안 되겠죠. 하지만 알려지지 않는 것은 그보다 훨씬 더 큰 문제입니다. 기업이나 민간에 비해 정부나 지자체는 아직 홍보의 중요성을 알지 못하는 경우가 많은 것 같습니다.

특히 지자체의 경우에는 '우리가 사업만 잘하면 되고, 보조금만 잘 주면 되지, 그걸 홍보해서 뭣하게?'라는 인식이 있습니다. 심지어 일부 공무원 중에는 홍보하면 오히려 손해라는 생각을 가진 사람도 있습니다. 홍보해서 많이 알려지면 담당자인 본인이 더 귀찮아지는 것이죠. 굉장히 슬픈 일이지만 공직의 특성상 있을 수 있는 일입니다.

한번은 장관 인터뷰를 준비하면서 국비 지원사업을 알아보고 있었습니다. 국비가 지원된다면 수십억 원 이상의 시비를 아낄 수 있는 사안이었죠. 그런데 담당자의 말이 저를 가슴 아프게 했습니다. 아예 언급하지 말라는 것이었습니다. 국비가 들어가면 귀찮아질 것을 예상한 것 같았습니다. 공공기관 유치도 마찬가지였습니다. 해당 건을 어필하려고 담당자에게 물어보니 역시 다루지 말아달라더군요. 이유는 아직 모르겠습니다. 이렇게 홍보의 중요성은 여전히 주목받지 못하고 있습니다.

성공적이라고 평가받는 충주시의 사정도 마찬가지입니다. 한번은 회식 자리에서 "그거, 애들 장난치는 게 충주시에 무슨 도움이 되냐?"는 의견을 들었습니다. 옆에서 저를 조금 편들어 준 사람도 있었습니다. "시장에게는 도움이 되겠지"라면서 말이죠.

1) 홍보는 생각보다 더 중요하다

내부에서조차 이런 의견이 많지만 홍보가 중요하다는 제 생각은 확고합니다. 지방 소멸 시대에 지자체들은 사활을 걸고 모든 분야에서 경쟁하고 있습니다. 그런 경쟁에서 살아남기 위해 가장 중요시 해야 하는 게 바로 브랜딩, 대외 홍보라고 생각합니다.

충주시의 인구는 다른 대부분의 지방 도시와 마찬가지로 계속해서 자연 감소하고 있습니다. 출생자보다 사망자가 많은 것이죠. 이런 상황에서 우리는 내부가 아니라 외부로 눈을 돌려야 합니다. 꾸준히 새로운 물고기를 잡아와야 하는 것이죠.

충주시에서 홍보 담당관은 '쇼츠' 같은 역할을 맡고 있습니다. 대외 홍보를 통한 브랜딩에 주력해 그 효과로 인구 유입과 관광객 유치, 특산물 판매를 일으키려 하는 것이죠. 반대로 들어온 시민들을 잘 챙기는 것은 '일반 영상'이라고 할 수 있습니다. 자, 이제 지자체에서 대외 홍보와 브랜딩이 얼마나 중요한지 눈치채셨나요?

이런 대외 홍보에 가장 적합한 수단은 바로 뉴미디어죠. 그 중에서도 유튜브의 역할이 중요하다고 생각합니다. 언론을 활용한 전통적인 의미의 홍보는 이미 상당한 한계에 다다랐습니다. 이런 변화는 벌써 십수 년째 계속되고 있죠. 저는 이런 현상이 앞으로 더 가속화될 거라고 생각합니다. 플랫폼 기업이 온라인을 지배했듯이 뉴미디어가 언론을 지배할 수 있습니다.

다.   영원한 1등은 존재하지 않습니다

저는 페이스북과 유튜브를 모두 운영해봤습니다. 두 채널을 운영하면서 극명한 차이를 발견했습니다. 바로 알고리즘의 차이입니다. 페이스북에서는 내 콘텐츠에 대한 평가가 공정하게 일어나지 않습니다. 구독자 간의 연결이 더 중요한 폐쇄형 알고리즘을 사용하기 때문이죠. 그래서 아무리 좋은 콘텐츠를 만들어도 확장에 한계가 존재합니다. 다르게 이야기하면 공정한 평가가 일어나고 있지 않은 것입니다.

충주시 페이스북에서 가장 잘된 포스터는 '고날두' 포스터였습니다. 이 포스터로 청와대 페이스북 조회 수를 이기기도 했고, 페이스북 주간 게시물 전체 중 조회 수 2위를 차지하기도 했죠. 이 게시물에 달린 댓글 수는 8,600개였습니다. 엄청난 성공을 거둔 셈이죠. 그런데 만약 이 포스터가 유튜브 알고리즘을 사용했다면 어땠을까요? 8,600개가 아니라 8만 6,000개의 댓글이 달렸을 것입니다. 바로 알고리즘의 차이 때문이죠.

페이스북과 다르게 유튜브는 개방형 알고리즘입니다. 철저하게 콘텐츠의 퀄리티에 집중하죠. 그래서 오히려 신규 유저에게 유리합니다. 좋은 콘텐츠만 만들면 누구나 성공할 수 있는 곳이 바로 유튜브입니다. 그런데 페이스북에서는 불가능합니다. 애초에 폐쇄형 알고리즘이기 때문이죠. 그래서 페이스북에서는 한번 1등하면 웬만해서 바뀌지 않습니다. 이미 관계망을 형성해놓았기 때문이죠.

유튜브는 어떨까요? 영원한 1등이 존재하기 어렵습니다. 콘텐츠의 질에 따라 언제든지 바뀔 수 있습니다. 제가 가장 좋아했고 제게 가장 많은 영감을 준 채널은 '와썹맨'입니다. 유튜브 콘텐츠를 와썹맨 전과 후로 나눌 정도로 기념비적인 채널이고, 그만큼 많은 채널에 영향을 준 선도적인 채널이었습니다. 그 와썹맨 채널은 지금 어떻게 되었을까요? 2022년 4월에 폐지되었습니다. 네, 아무리 잘나가는 채널도 폼을 유지하기란 쉽지 않습니다.

이것이 바로 유튜브의 특징입니다. 공급자들의 무한 경쟁을 유도하는 것이죠. 여러분께서는 이것을 오히려 기회로 삼아야 합니다. 반대로 말하면 콘텐츠만 좋다면 후발주자여도 얼마든지 성공할 수 있다는 이야기이니까요.

충주시 유튜브는 전국 지자체 유튜브 중 1등이죠. 하지만 만약 내일 당장 어떤 지자체가 공전의 히트작을 내놓는다면 하루 만에 충주시를 앞설 수도 있습니다. 그것이 바로 유튜브 세계이고 개방형 알고리즘입니다.

1) 좋은 콘텐츠에만 집중하면 된다

유튜브는 모든 콘텐츠 제작자에게 유리한 점이 하나 더 있습니다. 유튜브의 알고리즘은 공정하기 때문에 좋은 콘텐츠에만 집중하면 됩니다. 다른 것은 아무것도 신경 쓸 필요가 없습니다. 어떤 이벤트도 필요 없고 어떤 광고 비용도 필요 없습니다. 그냥 좋은 콘텐츠만 만들면 됩니다.

페이스북의 경우는 기프티콘 이벤트 등의 광고에 의존합니다. 그렇게라도 해서 구독자를 모으고 채널 활성도를 유지하고 싶은 것이죠. 하지만 유튜브에서는 그런 방식은 필요 없습니다. 구독자를 억지로 모으는 행동은 유튜브에서는 오히려 손해입니다.

다른 지자체나 초보 유튜버들이 모두 하는 실수가 있습니다. 바로 구독자를 억지로 모으려 한다는 것입니다. 지자체의 경우는 보통 직원을 동원하려 합니다. 구독 협조 공문을 보내 타 지자체에까지 구독을 독려하는 형편입니다.

이렇게 억지로 구독자를 모으는 행위는 사실 자살골에 가깝습니다. 당장은 조회 수와 구독자 수가 늘어날지 모르지만, 거품이 꺼지면 조회율과 클릭률을 저하시켜 장기적으로는 오히려 채널에 악영향을 끼칩니다. 개인 유튜버 중에도 빠른 성과를 위해 주변 지인을 동원하거나 혹은 업체를 통해 구독자를 늘리는 경우가 있는데 이는 절대 지양해야 합니다.

내 영상을 진짜 마음에 들어 하고, 또 방문하고 싶다고 생각하는 '진짜' 구독자들이 구독해야 합니다. 콘텐츠 제작자라면 콘텐츠에만 올인하십시오. 유튜브만큼 여러분에게 유리한 채널은 없습니다.

라. 큰 성공에는 운이 필요합니다

채널이 성장하기까지는 얼마나 걸릴까요? 보통 구독자 1,000명을 달성하는 데에 걸리는 시간이 1년이 넘기도 합니다. 채널은 보통 계단식으로 성장합니다. 분명히 정체기가 존재한다는 것이죠. 충주시의 경우도 급등했던 네 번 정도의 시기를 제외하면 정체기가 꽤 길었습니다.

업로드한 영상이 바로 반응이 오는 경우도 있지만 그런 경우는 아주 이례적입니다. 보통은 뒤늦게 오는 경우가 더 많습니다. 그렇기에 일정 기간 이상을 지속적으로 같은 콘셉트를 유지하면서 업로드해야 합니다. 성공한 유튜브 채널의 공통점을 살펴보면 당연히 좋은 기획과 좋은 콘텐츠를 가지고 있을

지난 28일 동안 2만 9,719명 증가

현재 구독자 수
47만 2,130명

것입니다. 유튜버의 매력도 한몫할 테고요. 그런데 한 가지 중요한 게 더 있습니다. 바로 운입니다. 좀 허무한가요? 저는 진짜 운이 중요하다고 생각합니다. 비단 유튜브뿐 아니라 다른 분야에서 성공한 사람도 비슷한 말을 많이 합니다.

제가 인터뷰를 진행했던 노력의 대명사 전한길 선생님도 같은 말을 했습니다. "운이 중요하다"라고 말이죠. 침착맨도 비슷한 말을 했죠. "성공 비결은 '운빨'이었다. 운이 좋았다"라고요. 저도 비슷하게 생각합니다.

저는 이들이 노력하지 않고 운으로만 성공했다고 생각하지는 않습니다. 당연히 노력과 재능이 있었을 것입니다. 다만 그것만으로는 충분하지 않다는 것이죠. 마지막으로 꼭 필요한 하나의 퍼즐 조각은 다름 아닌 바로 운입니다.

1) 운을 찾는 것부터 시작하자

저는 충주시 공무원입니다. 충주시에는 1,500명의 공무원이 있습니다. 이 중에 저처럼 자유롭게 콘텐츠를 만들 기회를 가진 사람은 저 하나입니다. 이래도 운이 아닌가요?

다른 예를 들어볼까요? 시청에 1,500명의 공무원이 있습니다. 만약 똑같은 시간에 똑같은 조건으로 동시에 유튜브를 맡겼습니다. 제가 1등이 될 수 있을까요? 그렇다고 주장하는 것은 굉장히 오만한 일이겠죠? 저는 상위권일 수는 있을지 몰라도 1등은 어려울 거라고 생각합니다. 이래서 운이 좋았던 거라고 말하는 것입니다. 기회가 주어졌으니까요.

시간을 돌려 2009년쯤으로 가볼까요? 만약 그때의 제가 지금과 똑같은 영상을 만들었다면 지금 같은 성공을 거둘 수 있었을까요? 저는 불가능하다고 생각합니다. 유튜브가 충분히 성숙한 2019년에 새로운 도전을 했기에 성공했던 것이죠. 이처럼 시기도 따라주었습니다.

이번엔 장소를 바꿔볼까요? 똑같은 조건으로 제가 서울시나 부산시의 유튜브를 맡았다면 지금같이 도전적인 콘텐츠를 만들 수 있었을까요? 단언컨대 불가능합니다. 이미 성숙한 시스템이 있고 체계가 갖춰진 곳에서는 바꿀 수 있는 게 아무것도 없었을 것입니다. 오히려 근본이 없는 곳에서 시작했기에 잘될 수 있었던 것 같습니다.

마지막으로 결재권자가 다른 사람이었다면 어땠을까요? 시장님이 만약 유튜브를 하라고 하지 않았다면? 혹은 자율권을 주지 않았다면? 팀장님과 과장님이 끝까지 반대했다면? 절대 지금처럼 될 수 없었을 것입니다.

적절한 기회, 적절한 시기, 적절한 장소, 적절한 사람까지 모든 게 저를 도와주었던 것입니다. 이것이 운이 아니라면 달리 설명할 방법이 없습니다. 운 없이 성공 전략만 가지고 모두가 성공한다고 말한다면 그것은 이상주의자이거나 거짓말쟁이일 것입니다.

희망적인 것은 그 운을 찾는 사람은 바로 여러분이라는 사실입니다. 일단 도전해봐야 성공할지, 실패할지 알 수 있죠. 자기 손으로 직접 자신의 운을 찾기 바랍니다. 시작하지 않으면 내가 받은 마지막 히든카드가 무엇인지 확인할 길이 없습니다.

만약 조직에 소속된 분이라면 무작정 도전하라는 말이 무책임한 소리로 들릴 수도 있을 것입니다. 성공을 보장할 수는 없지만 그래도 운을 찾기 위해 도전하라니, 그게 무슨 말이냐고 할 수도 있습니다.

그렇습니다. 그래서 도전하기 전에 한 가지가 더 필요합니다. 그것은 바로 확신입니다. 저는 유튜브를 시작할 때 성공에 대한 300퍼센트의 확신이 있었습니다. 그런 확신을 가지고 도전했기에 수많은 어려움을 이겨내고 또 버틸 수 있었습니다. 여러분도 확신을 가지고 도전하길 바랍니다.

마. 콘텐츠를 다루려면 노는 것도 중요합니다

저는 노는 것을 좋아합니다. 여러분 모두 마찬가지겠죠? 제 인생은 게임과 떼려야 뗄 수 없는 것이었습니다. 중학생 때는 '스타크래프트', '바람의 나라'에 푹 빠져 살았습니다. 바야흐로 PC방의 개화기였습니다. 그 시대의 흐름에 충실했던 것 같습니다. 하지만 부모님의 제재로 맘껏 할 수는 없었죠.

대학생 때는 정말 하루 종일 게임만 했습니다. 군 입대를 앞두고 있었기에 그 평계로 더더욱 많이 놀았던 것 같습니다. 오후 2시쯤 일어나 밥을 먹고 3시쯤 피시방으로 향합니다. 그리고 다음 날 새벽 6시까지 '카오스'를 합니다. 카오스는 블리자드에서 나온 게임 '워크래프트3'의 유즈맵인데 이게 예전 롤이

이라고 할 수 있습니다. 15시간 정도 게임을 마치고 기숙사에 돌아가 잠을 잤습니다. 그리고 다시 2시에 일어납니다. 그리고 다시 피시방으로! 혹독한 일정이죠? 프로게이머보다 더 열심히 했던 것 같습니다.

군대에 다녀온 후 사법시험을 준비할 땐 어땠을까요? 사법시험도 사실 시즌과 비시즌이 있습니다. 시즌 중에는 열심히 공부하고 비시즌에는 좀 쉬는 거죠. 근데 사실 항상 시즌이어야 합격하는 것 같긴 합니다. 저 같은 경우는 비시즌을 충분히 활용했는데요. '롤', '와우', '테라', '문명', '디아블로3' 등등 모든 게임을 섭렵했죠.

시즌 중에는 열심히 공부하느라 게임은 하지 않았습니다. 그나마 틈틈이 시간을 내 기껏해야 온라인 커뮤니티에 접속했습니다. TV 예능이나 영화를 보는 것을 좋아하지만 그것은 시간을 너무 많이 잡아먹기에 점심시간이나 휴식시간 같이 짧은 시간에 할 수 있었던 게 그것밖에 없었습니다. 힘든 고시 생활을 버티게 해준 유일한 낙이 바로 재미있는 게시물이 끊임없이 올라오는 커뮤니티를 보는 것이었습니다.

그런데 놀랍지 않나요? 공무원이 되고 유튜브를 담당하고 나니 과거 시간 낭비에 불과했던 경험들이 도움이 되고 있습니다. 백종원 대표가 TV 프로그램 〈마이 리틀 텔레비전〉에서 대박이 났을 때 '와우'에서 다져진 순발력과 채팅 파악 능력, 드립이 큰 영향을 미쳤다고 볼 수 있습니다. 마찬가지로 이 같은 경험에 저 역시 도움을 받은 것이죠.

저는 커뮤니티 지박령이었던 만큼 흔히 말하는 '커뮤력'이 굉장히 높습니다. 커뮤니티를 활용하는 능력이 함양되어 있죠. 밈과 패러디가 주력인 제 콘텐츠에서 이런 커뮤력은 굉장한 도움이 됩니다. 이는 유튜브나 방송을 촬영할 때도 마찬가지입니다. 순발력 있고 적절하게 재미있는 드립을 사용해야 하는데, 이런 능력을 배양시켜준 것 또한 게임과 커뮤력이었죠.

사법시험을 준비하면서 겪은 고통의 시간도 조금은 특이한 이력이 되어 지금의 '맑은 눈의 광인' 이미지에 도움이 되고 있습니다. '빠니보틀'이나 '곽튜브'도 마찬가지입니다. 그저 여행을 정말 좋아했고 다양한 경험을 많이 쌓다 보니 유튜버로서의 새로운 길이 열린 것이죠.

1) 취미가 콘텐츠가 되는 시대

꼭 게임이나 커뮤니티를 하라는 이야기가 아닙니다. 자신이 좋아하는 자신만의 일을 깊게 파고드는 것 또한 좋은 경험이 된다는 말입니다. 반대로 여러분이 좋아하는 본인만의 특출난 점을 강점 삼아 유튜브를 만들 수도 있겠죠.

유튜버 '대도서관'이 이런 말을 한 적이 있습니다. "요즘은 자기만의 취미가 있는 사람이 부럽다"는 것입니다. 지극히 개인적인 그 취미가 바로 콘텐츠가 되고 그것이 곧 돈이 되는 시대가 왔기 때문입니다.

여러분께서 유튜브를 시작하거나 이미 하고 있다면, 무엇을 좋아하고 무엇이 강점인지를 한번 생각해보면 좋겠습니다. 그렇지 않은 분들이라도, 내가 하고 싶은 것을 찾아 도전하고 다양한 경험을 쌓다 보면 그런 일들이 살면서 어떻게든 자신에게 도움이 되기 마련입니다. 그것이 남들이 가지 않은 길이라면 더 효과적이겠죠? 이것은 비단 유튜브뿐 아니라 앞으로 펼쳐질 우리의 인생에도 큰 도움이 될 것입니다.

바. 때로는 미움받을 용기가 필요합니다

사람들은 흔히 '튀면 손해다'라고 말하곤 합니다. 다양한 조직이나 사회 구성원에게 통용되는 말이지만, 공직 사회만큼 이 말이 완벽히 맞아떨어지는 곳도 없을 것입니다. 아무래도 공무원은 보수적이어야 하기 때문이겠죠. 맡은 일부터 행동이나 말에 이르기까지 보수적일 수밖에 없습니다. 일관성이라는 가치가 매우 중요하니까요. 어떤 상황에 따라 쉽게 기준이 바뀌거나 행정절차가 변화무쌍하게 적용되는 것은 삼가야 합니다. 그렇기에 우리의 공직 사회는 더더욱 딱딱합니다.

그런 곳에서 제가 이런 영상들을 올리기까지 과연 수월했을까요? 그렇지 않습니다. 결재 과정에서는 상사와의 충돌을

감수해야 하고, 내부 직원들의 시선도 곱지만은 않다는 것을 잘 알고 있습니다. 특히 간부급의 직원들은 그다지 좋아하지 않습니다. 자신들이 지금껏 걸어온 길과 많이 다르기 때문일 것입니다.

□ 커뮤니티에서 나를 욕하는 경우   (실제 커뮤니티 글 재구성)

공무원 커뮤니티

우리 팀장 선태형 X나 싫어하네 ㅋㅋ

충주시 유튜브 이야기 나와서 말하고 있었는데

갑자기 뜬금없이

"저런 애들이 공무원 이미지 망치는 거다"

이래서 바로 분위기 썰렁해짐

ㅋㅋㅋㅋㅋ 웃기지 않냐

아니면 위협을 받는다고 생각할 수도 있죠. 새로운 시도가 본인들이 해온 업무나 관행에서 많이 어긋나 있는 일이니 말이죠. 당연히 새로운 것은 언제나 거부감을 유발합니다. 반대로 이런 이유도 있을 것입니다. 오랜 공직 경험상 이런 도전적인 시도들이 인정받지 못한다는 걸 잘 알고 있는 것이죠. 어쩌

다 인정받았더라도 끝이 안 좋았을 것입니다. 그런 기억을 가지고 있는 입장에서는 '아, 또 저런 애가 나왔구나' 정도로 받아들일 수도 있을 것입니다.

솔직하게 말하자면 대놓고 반감을 드러내는 사람도 봤습니다. 그런데 차라리 이렇게 직접적으로 표현하는 편이 오히려 낫습니다. 대게는 은근히 깎아내리죠. 나름대로 눈치가 있는 편이라 그런 의도를 금방 알아채고는 하지만 이내 모른 척합니다. 제가 해명해봐야 들어주지 않으리라는 것을 알고 있기 때문입니다.

1) 모난 돌이 정 맞는다

저는 이런 의견들을 인정합니다. 그들로서는 좋게 봐주기가 어려울 것입니다. 제가 일반적인 공무원 업무를 맡고 있었다면 저 역시 저처럼 튀는 유튜버는 마음에 들지 않았을 것입니다. 왠지 놀고 있는 것처럼 보이기도 할 테고요.

실무적으로는 별로 도움이 되지도 않죠. 실제로 다른 과에서 많은 홍보 요청이 들어옵니다. 협업 요청일 때도 있고 출연 요청일 때도 있습니다. 그런데 제가 요청받은 건 중에 실제 홍보로 이어지는 경우는 5퍼센트 미만입니다. 일정상 어려운 경우도 있고 충주시 유튜브의 콘셉트에 맞지 않는 경우도 있죠. 그래서 부탁을 들어주지 못할 때는 정말 죄송한 노릇입니다. 그렇지만 제 입장에서는 또 억지로 홍보 영상을 만들 수는 없는 일이니까요.

종합해볼까요? 기존의 행정적인 절차를 무시하고 돌연변이처럼 튀어나온 공무원이 있습니다. 이 친구의 일은 기존의 공무원 업무와는 전혀 달라 보입니다. 그저 장난치는 영상을 만드는 게 전부입니다. 심지어 결재도 받지 않고 업로드한다고 하죠. 영상을 한번 봤는데 이 공무원은 말투가 건방지고 표현이 거칩니다. 게다가 바른말을 한답시며 유튜브를 통해 기존의 공무원 업무와 조직의 병폐에 대해 까놓고 지적하기도 합니다. 조회 수는 좀 나오는 것 같은데 홍보 효과는 잘 모르겠습니다. 치명적으로는 유튜브에 내 사업 홍보를 부탁했는데 들어주지도 않습니다.

어떤가요? 좋게 봐줄 수 있는 직원인가요? 제가 봐도 도저히 예뻐할 수 없는 상황입니다. 다행인 것은 그것을 저도 알고 있다는 점입니다. 저 역시 충분히 이해합니다. 이런 공무원은 조직에서 사랑받을 수 없습니다. 하지만 이제 와서 제가 반성하며 얌전하고 재미없는 정보 전달 위주의 콘텐츠를 만든다고 가정해봅시다. 그러면 사람들이 갑자기 '아, 내가 오해했구나. 사실은 좋은 공무원이었네'라고 할까요? 그렇지 않을 것입니다.

2) 남들과 다른 길은 외롭다

저는 2019년부터 행정안전부 정부 혁신 강사로 지정되었습니다. 아무래도 충주시 유튜브의 사례를 범정부적으로 활용하고자 하는 의도였던 것 같습니다. 정부 혁신 강사이다 보니 다른 중앙부처나 지자체에서 강의 요청이 많았습니다. 그런데 외부 강의를 나가는 것을 우리 과에서 좋아했을까요? 당연히 싫어할 수밖에 없죠. 저는 이해합니다.

물론 제가 없다고 해서 제 유튜브 업무를 누군가가 대신해주는 것은 아니지만 우리 업무가 그것만은 아니죠. 전담 업무뿐 아니라 한 과에 속한 직원으로서 해야 할 일이 있으니까요. 사소하게는 전화도 받고 쓰레기도 치워야 합니다. 따라서 제 강의가 어떤 의미가 있는지, 충주 혹은 충주시 유튜브를 어떻게 홍보하고 있는지와는 별개로 마냥 좋게 봐줄 수만은 없는 것입니다. 저는 우리 과의 입장을 100퍼센트 이해합니다.

그런데 다른 과는 왜 싫어할까요? 제가 다른 과의 전화도 받아야 하나요? 실제로 감사부서 등에서 지적을 받은 적이 있습니다. 사실상 강의를 가지 말라는 것이었죠. 한번은 중앙부처 강의에 개인 연가를 쓰고 간 적도 있습니다. 원래대로라면 출장을 가면 되는 일이었죠. 정부 혁신 강사가 충주시 우수 사례로 중앙부처에서 강의를 하는데, 출장이 아니라 연가를 쓴 것입니다.

주변에서 워낙 싫어하니 눈치가 보여 그냥 연가를 쓰고 가야겠다고 마음먹은 것입니다. 그런데 놀라운 것은 그다음이었습니다. 바로 그것마저 내부 감사에 지적되고 말았습니다. 연가를 쓰지 말고 출장으로 갔어야 했다는 것이죠. 출장비도 안 쓰고, 충주시청도 홍보하는 것이니 오히려 칭찬받을 줄 알았습니다. 그런데 현실은 그렇지 않더군요.

언젠가 전에 같이 근무했던 직원을 만난 적이 있습니다. 제가 나름대로 정말 열심히 근무한다고 생각하던 시절에 함께했고, 또 지금까지 잘 지내고 있던 관계였습니다. 그런데 제가 만든 유튜브에 대해 부정적으로 언급하는 것을 보고 가슴이 아팠습니다. 제가 어렴풋이 짐작했던 일들이 막상 눈앞에서 증명되니 착잡해지더군요. 남들과 다르게 일하는 것을 좋게 받아들이지 못하는 사람이 꽤 많다는 것을 다시 한번 깨달았습니다. 심지어 예전의 제 본래 모습을 보았던 사람까지도 말이죠.

만약 여러분이 어떤 기관의 단체를 대표하거나 혹은 어떤 조직에 소속되어 유튜브를 운영하게 된다면 성공을 거두더라도 각오해야 합니다. 미움받을 각오 말이죠. 그렇지 않으면 후회할 수 있습니다.

사.　　　개인도 조직을 바꿀 수 있습니다

건방지게도 저는 개인도 조직을 바꿀 수 있다고 생각합니다.
우리 조직은 동그라미 같습니다. 순탄하게 돌아가죠. 어느 하
나 모난 곳이 없습니다. 어느 각도에서 봐도 똑같습니다. 조직
은 보통 관성에 따라 돌아갑니다. 한번 굴러가기 시작하면 멈
춤 없이 앞으로 나아가죠. 그 방향이 맞았는지 틀렸는지는 별
로 상관없습니다. 하던 대로 돌아가면 문제가 없으니까요. 특
별한 이상이 없는 한 우리는 그렇게 돌아가죠.

　보통 변화는 외부에서 찾아옵니다. 어떤 사고나 재해가 여
기에 해당합니다. 이런 돌발 상황이 발생하면 뭔가 변화가 찾
아옵니다. 그러나 근본적으로는 여전히 동그라미입니다. 이런

조직에서는 저 같은 사람을 어떻게 바라볼까요? 저는 모난 사람입니다. 불편하죠. 저 때문에 조직이 제대로 굴러가지 못하고 덜컹거립니다. 이렇게 모가 나 있기에 주목받기도 하지만 정도 맞습니다. 그런데 앞으로 제 후임자나 혹은 다른 기관의 홍보 담당자들은 어떨까요? 저만큼은 아니어도 저의 반 정도는 무조건 할 수 있습니다. 왜? 선례가 생겼기 때문이죠.

물론 홍보, SNS, 유튜브는 전체 조직에서 아주 작은 분야입니다. 그렇지만 어쨌든 조직이 바뀐 것입니다. 실제로 저 이전까진 어떤 지자체, 어떤 중앙부처, 어떤 공공기관도 새로운 시도를 하지 못했었습니다. 그런데 지금은 달라진 것이죠. 그래서 도전해야 한다고 생각합니다.

인센티브는 없어도 됩니다. 성과를 평가한다는 것 자체가 어려운 일이니까요. 사기업에서도 홍보 업무는 성과 평가가 어려울 것입니다. 더욱이 관공서는 불가능하죠. 과연 충주시에서 제가 제일 바쁠까요? 초과 근무 시간으로만 봐도 저는 하위권입니다. 충주시에서 제가 제일 힘들까요? 아니죠. 그러면 제가 하는 일이 충주시에서 가장 가치 있는 일일까요? 그것도 알 수 없습니다. 관점에 따라 다를 테니까요. 결론은 성과 평가가 불가능하고 인센티브 역시 어렵다는 것입니다. 저는 인센티브는 포기했습니다. 포기하니 행복이 찾아오더군요.

1) 실패를 용인해야 발전한다

제가 조직에 바라는 점이 딱 하나 있습니다. 바로 실패를 용인하는 문화가 있어야 한다는 것입니다. 누군가가 어떤 변화를 시도하면 무조건 부작용이 생깁니다. 그것이 크든 작든 말이죠. 하다못해 취합 서식만 바뀌어도 싫어합니다. 복사, 붙여 넣기를 못하기 때문이죠.

그런데 우리는 그런 부작용마저 변화를 위한 과정으로 받아들여야 합니다. 그래야 저처럼 운이 좋은 직원뿐만 아니라 평범한 직원들도 크고 작은 변화를 시도하겠죠. 도전한다고 해서 개인적으로 크게 득될 건 없더라도 최소한 욕은 먹지 않아야 하지 않겠습니까? 그래야 조직이 변화할 수 있다고 생각합니다.

누군가 어떤 시련 끝에 변화를 시도했다가 내외부의 문제에 봉착해 좌초했다고 가정해봅시다. 그러면 사람들은 어떤 반응을 보일까요? 그 용기를 향해 응원해주면 좋겠지만 현실은 그렇지 않습니다. '거 봐라, 그럴 줄 알았다', '누가 그렇게 하랬냐?' 하면서 실패를 나무라겠죠. 그 사람이 시련을 딛고 결국 성공해 조직을 변화시켰다고 해봅시다. 그러면 어떤 일이 벌어질까요? '그게 뭐 대단한 일이라고!', '그 자리에 있으면 다 하는 거 아냐?' 하면서 깎아내리기 바쁠 것입니다.

이건희 회장의 '뒷다리론'을 들어보신 적이 있나요. 1993년 6월, 프랑크푸르트 회의에서 나온 발언입니다. "크게 변할 사람은 크게 변해서 기여하라. 작게 변할 사람은 작게 변해서 기여하라. 변하지 않을 사람은 그냥 변하지 않고 있어라. 다만 남의 뒷다리는 잡지 말라"는 말이었습니다. 변하지 않아도 좋으니 변하려는 사람을 방해하진 말라는 것이죠. 많은 조직에 꼭 필요한 말입니다. 새로운 변화를 응원해주는 문화, 실패를 용인하는 문화가 있어야 조직이 발전할 테니까요.

저는 신규 직원일 때부터 요즘 젊은 직원들은 열정이 없다는 말을 많이 들어왔습니다. 그런데 저는 좀 다르게 생각합니다. 조직은 누가 바꾸는 걸까요? 누가 변화시키는 걸까요? 사실 조직 분위기는 위에서 만듭니다. 젊은 직원 하나가 바꿀 수 있는 것은 거의 없습니다. 조직은 바로 상급자, 결재권자들이 변화시킬 수 있다고 생각합니다. 직급에 따라 맡은 범주가 다르니 어떻게 보면 당연한 일이겠죠. 변화는 하급 직원보다 상급자가 만드는 것입니다.

사실 충주시 유튜브의 성과는 아직 미완입니다. 보완해야 할 부분도 많죠. 자율성을 극대화하다 보니 검증 시스템의 한계를 보이기도 합니다. 가끔 사고도 치죠. 개인에게 너무 의존

하고 있는 1인 운영 체제의 한계도 분명히 존재할 것입니다. 대표적으로 거론되는 게 후임에 대한 문제입니다. 지속 가능한 방식인지 의문도 있을 것입니다.

충주시의 사례가 가장 의미 있는 것은 이게 첫걸음이라는 사실입니다. 이 첫걸음으로 우리가 어떻게 바뀌어나갈지 정말 기대됩니다. 이런 작은 걸음들이 모여 작게는 개인을 바꾸고, 조직을 바꾸고, 그리고 마침내는 사회를 바꾼다고 생각합니다. 여러분도 함께 첫걸음을 내딛어보세요.

아. 무엇보다 내가 즐거워야 합니다

즐겨야 성공할 수 있습니다. 유튜브는 장기 레이스입니다. 성과가 나는 데까지 오랜 시간이 필요합니다. 또 성공하고 나서도 오랫동안 그 폼을 유지해야 하죠. 최소한 몇 년 이상을 바라보고 운영해야 한다는 말입니다. 그런데 즐겁지 않다면 그 시간을 버틸 수 있을까요? 아니요. 스스로 만족이 없다면 불가능합니다.

유튜브는 종합 예술이기 때문에 더욱 그렇습니다. 만약 얼굴이 드러나지 않는 작가라고 생각하면 다른 것은 아무것도 신경 쓸 게 없습니다. 글 쓰는 것만 생각하면 되죠. 물론 이것도 절대 쉽다는 말이 아닙니다. 그만큼 고민의 종류가 복잡하지 않은 것입니다. 만약 연기를 한다고 해볼까요? 물론 외모 관리부터 표정 연습, 대본 연습 등 다양한 준비가 필요하겠죠. 하지만 연기만 생각하면 됩니다. 기획자는 기획만 신경 쓰면 되고 촬영자는 촬영만 신경 쓰면 됩니다.

그런데 1인 미디어인 유튜버는 일종의 방송사와 같습니다. 이 모든 것을 혼자 해야 하죠. 물론 각 분야의 전문가들 수준으로 전문성을 갖추는 건 당연히 아닙니다. 보통은 그보다 훨씬 낮은 수준에서 타협하죠. 저퀄리티로 운영하는 저처럼요. 게다가 영상 외적인 부분도 신경 써야 합니다. 조회 수나 댓글 등의 채널 관리나 광고 같은 것들이죠. 그래서 이것들을 이겨 낼 수 있는 원동력, 바로 즐거움이 필요합니다.

1) 유튜브를 제작하며 얻는 즐거움

유튜브는 많은 즐거움을 줍니다. 어떤 게 있을까요? 유튜브에선 제가 신입니다. 네 맞습니다. 나만의 작은 세상을 만들어갈 수 있습니다. 보통 사회에서는 '내 마음대로'라는 것은 존재하지 않죠. 제약이 많습니다. 특히나 조직에 소속되어 있다면 그런 느낌이 더욱 강하게 들 것입니다. 하지만 유튜브는 제 책임

하에서 제 마음대로 할 수 있죠. 그래서 혼자 일하는 것을 좋아하거나 본인의 자아가 강한 분들이 하기에 좋습니다.

유명해진다는 것 또한 누군가에게는 장점이 됩니다. 물론 불편한 점이 굉장히 많습니다. 하지만 많은 사람에게 관심받는 경험은 즐거운 일이긴 합니다. ISTJ인 저는 완벽하게 즐기고 있지는 못합니다만, 외향적인 성격의 분들은 실제로 굉장히 만족할 것입니다.

실제로 정말 많은 분이 알아봐주십니다. 저는 관공서에서 최초로 이런 유튜브를 운영한 덕에 언론이나 예능에 많이 노출되었습니다. 그래서 생각보다 인지도가 높죠. 특히나 충주 지역에서는 더 많이 알아봐주십니다. 요즘엔 식당에 가면 꼭 한두 분이 알아봐주시는 것 같습니다.

구독자와의 관계에서도 기쁨을 느낍니다. 구독자는 어떻게 보면 일종의 팬이라고 할 수 있죠. 이들은 제 콘셉트를 가장 잘 이해해주는 사람들입니다. 인간적으로 좋아해주는 사람도 있죠. 이런 구독자들이 유튜브 활동을 이어나갈 수 있는 힘을 주는 것 같습니다. 구독자들에게서 엄청난 든든함을 느낍니다.

콘텐츠 기획에 대한 기쁨 또한 큰 원동력입니다. 내가 고민 끝에 어떤 의도를 가지고 좋은 기획을 했는데 그 콘텐츠를 사람들이 좋아할 때 굉장한 쾌감을 느낍니다. 마치 방송국 PD의 마음이 이렇지 않을까 싶기도 합니다. 조회 수와 '좋아요' 수, 그리고 좋은 댓글들은 가장 큰 쾌감이죠. 심지어 저는 이것들이 돈으로 연결되지 않는데도 기쁨을 느낍니다. 돈으로까지 연결되는 일반 유튜버들은 얼마나 더 기쁠까요?

무엇보다 사람들을 즐겁게 만든다는 것에 행복합니다. 얼마나 각박한 세상입니까. 특히나 코로나19 이후 우리 모두가 얼마나 힘든 시기를 겪었습니까. 이런 시기에 공직자로서 또 유튜버로서 사람들에게 즐거움을 주고 있다는 것에 행복을 느낍니다. 가끔 이런 댓글이 달립니다. '하루 종일 우울했는데 이 영상을 보고 처음 웃었다', '야근하다가 퇴근하는 중인데 너무 재미있다' 등의 반응을 볼 때마다 정말 보람을 느낍니다. 그만큼 남들을 즐겁고 재미있게 만든다는 것은 큰 의미가 있는 것 같습니다.

마지막으로 개인적인 만족도 큽니다. 저는 영상을 통해 사회적인 가치를 창출한다고 생각합니다. 좀 거창할지 모르지만 공무원에 대한 인식을 개선하고 또 공직 사회에 대한 시민들의 이해를 높이는 데에도 도움이 된다고 생각합니다. 시민들에게 친근하게 다가가고 솔직하게 정보를 공유하면서 정부 신뢰도를 높이는 것이죠.

실제로 JTBC 〈뉴스룸 뒤〉에 출연했던 영상이 화제가 되었습니다. 지역 축제 바가지가 한창 논란이었을 때였습니다. 출연 제의가 왔을 때 사실 좀 망설였습니다. 지역 축제에 대한 여론이 워낙 안 좋았고, 그 화살은 공무원들에게 돌아가고 있었습니다.

그 와중에 제가 공무원 편을 들면 시민들에게 욕을 먹을 테고, 그렇다고 시민들에게 칭찬을 듣자고 공무원을 욕하기도 난처한 처지였습니다. 저는 차라리 솔직한 방법을 택했습니다. "우리가 잘못했다. 그런데 보통 지역 축제의 담당자는 한 명이다. 인력의 한계가 있을 수 있다"라고 말이죠. 구조적인 문제를 짚었습니다. 실제로 여러 커뮤니티에서 이 인터뷰가 화제가 되었는데, 다행스럽게도 어느 정도 이해해주는 분위기였습니다. 이렇게 공공에 대한 이해를 넓히는 데에도 기여하고 있다고 생각합니다.

또 한 가지는 제 고향을 홍보한다는 것입니다. 유튜브를 통해 '충주시는 재미있는 곳이다', '충주시는 솔직한 곳이다', '충주시는 열려 있는 곳이다'라며 브랜딩을 하는 것이죠. 이를 통해 충주시의 인지도를 높임으로써 제 고향에 기여하고 있다는 자부심을 갖게 됩니다. 이것 또한 저의 즐거움이라고 할 수 있습니다.

여러분도 각자가 생각하는 콘텐츠가 있을 것입니다. 가장 중요하게 생각해야 할 것은 조회 수입니다. 조회 수가 없다면 아무 의미가 없습니다. 조회 수를 올리는 방법은 정답이 없습니다. 앞서 말씀드린 여러 팁들을 참고해 고민해보았으면 좋겠습니다. 그 어떤 것보다 유튜브는 즐거워야 한다고 생각합니다. 유튜브 내용도 즐겁고, 그것을 본 시청자도 즐겁고, 그것을 만드는 유튜버도 즐거워야 합니다. 우리 모두 즐겁게 만들어봅시다. 여러분을 응원하겠습니다.

KI신서 11745

홍보의 신

1판 1쇄 발행 2024년 2월 21일
1판 11쇄 발행 2024년 12월 31일

지은이 김선태
펴낸이 김영곤
펴낸곳 (주)북이십일 21세기북스

인문기획팀 팀장 양으녕 책임편집 이지연 노재은 마케팅 김주현
디자인 엘리펀트스위밍
출판마케팅팀 한충희 남정한 나은경 최명열 한경화
영업팀 변유경 김영남 강경남 황성진 김도연 권채영 전연우 최유성
제작팀 이영민 권경민

출판등록 2000년 5월 6일 제406-2003-061호
주소 (10881) 경기도 파주시 회동길 201(문발동)
대표전화 031-955-2100 팩스 031-955-2151 이메일 book21@book21.co.kr

(주)북이십일 경계를 허무는 콘텐츠 리더

21세기북스 채널에서 도서 정보와 다양한 영상자료, 이벤트를 만나세요!
페이스북 facebook.com/jiinpill21 포스트 post.naver.com/21c_editors
인스타그램 instagram.com/jiinpill21 홈페이지 www.book21.com
유튜브 www.youtube.com/book21pub
당신의 일상을 빛내줄 탐나는 탐구 생활 〈탐탐〉
21세기북스 채널에서 취미생활자들을 위한 유익한 정보를 만나보세요!

© 김선태, 2024
ISBN 979-11-7117-433-1 03320